"十二五"职业教育国家规划教材
经全国职业教育教材审定委员会审定

城市轨道交通变电站安全运行规程

Chengshi Guidao Jiaotong
Biandianzhan Anquan Yunxing Guicheng

刘惠英　主　编
朱晓强　副主编
曹大涌　主　审

人民交通出版社股份有限公司
China Communications Press Co.,Ltd.

内 容 提 要

本书为"十二五"职业教育国家规划教材,经全国职业教育教材审定委员会审定。全书系统地介绍了城市轨道交通变电站安全运行工作要求、城市轨道交通变电站的值班工作、倒闸作业、检修作业的组织措施、检修作业的技术措施与安全用具、其他作业、城市轨道交通变电站运行管理、供电系统调度管理、变电站事故管理规程。

本书可作为高职、中职院校城市轨道交通供电专业及相关专业教材,也可供相关专业人员参考。

* 本书配有教学课件,读者可于人民交通出版社股份有限公司网站下载。

图书在版编目(CIP)数据

城市轨道交通变电站安全运行规程／刘惠英主编. --北京:人民交通出版社股份有限公司,2015.8
"十二五"职业教育国家规划教材
ISBN 978-7-114-12300-9

Ⅰ.①城… Ⅱ.①刘… Ⅲ.①城市铁路－轨道交通－变电所－安全规程－高等职业教育－教材 Ⅳ.①U239.5-65

中国版本图书馆 CIP 数据核字(2015)第 130986 号

"十二五"职业教育国家规划教材
书　　名:城市轨道交通变电站安全运行规程
著 作 者:刘惠英
责任编辑:刘　倩　韩莹琳
出版发行:人民交通出版社股份有限公司
地　　址:(100011)北京市朝阳区安定门外外馆斜街 3 号
网　　址:http://www.ccpress.com.cn
销售电话:(010)59757973
总 经 销:人民交通出版社股份有限公司发行部
经　　销:各地新华书店
印　　刷:北京鑫正大印刷有限公司
开　　本:787×1092　1/16
印　　张:8
字　　数:201 千
版　　次:2015 年 8 月　第 1 版
印　　次:2015 年 8 月　第 1 次印刷
书　　号:ISBN 978-7-114-12300-9
印　　数:0001－3000 册
定　　价:26.00 元

(有印刷、装订质量问题的图书由本公司负责调换)

前言

《城市轨道交通变电站安全运行规程》是由全国交通运输职业教育教学指导委员会组织编写。本书根据教育部2014年颁布的教学标准进行编写，系统地介绍了城市轨道交通变电站工作人员应该了解的安全管理的法律法规、国家标准、行业标准以及行业规范，在充分进行岗位调研和典型职业活动分析的基础上，重点阐述了城市轨道交通变电站安全规程，交接班、倒闸操作、设备检修等典型作业的流程，相关岗位的岗位职责，档案资料的规范填写以及主要设备运行技术要求等。通过学习，可以使学生具备按照规程进行城市轨道交通变电站常规作业的专项技术能力。为了扩大学生对专业技术的全面了解，并为今后的职业晋升奠定基础，本书还包括电调管理规程和事故管理规程等内容，使得教材的内容适用于更广泛的岗位群体，并伴随员工的职业发展提供长期的技术指导。

本教材内容突出专业性、实用性、规范性，在知识点、技能点、安全关键点的文字叙述上力求通俗易懂，深入浅出，以具体工作任务为线索，讲"术语"，说"行话"。

本书由北京铁路电气化学校刘惠英担任主编，朱晓强担任副主编，北京城市轨道交通供电公司曹大涌担任主审。具体编写分工为：单元1、2、3、4、5由刘惠英编写，单元6、7由北京铁路电气化学校姜攀编写，单元8、9、10由朱晓强编写。

本书在编写过程中得到了多家城市轨道交通供电公司及电力公司的技术指导，在此一并表示感谢。

由于城市轨道交通供电设备多、变化快，且编者的水平有限，书中难免会有疏漏和错误，诚恳希望读者提出宝贵意见。

编者
2015年5月

目录 MULU

单元 1 概述	1
单元 1.1 课程意义	1
单元 1.2 课程要求	2
单元 1.3 规程中的专业术语和定义	4
思考与练习	7
单元 2 城市轨道交通变电站安全运行工作要求	8
单元 2.1 对工作人员的基本要求	8
单元 2.2 从业人员的安全生产权利及义务	10
单元 2.3 变电站常规管理要求	11
思考与练习	14
单元 3 城市轨道交通变电站的值班工作	15
单元 3.1 值班人员的职责及要求	15
单元 3.2 交接班的规定	17
单元 3.3 设备巡视的规定	19
单元 3.4 变电站的环境安全管理	21
单元 3.5 变电站的技术资料管理	22
思考与练习	24
单元 4 倒闸作业	25
单元 4.1 倒闸作业的有关规定	25
单元 4.2 典型倒闸操作票的填写	27
单元 4.3 倒闸作业的技术要求及步骤	32
思考与练习	35
单元 5 检修作业的组织措施	37
单元 5.1 工作票制度	38
单元 5.2 工作许可制度	45

单元 5.3　工作监护制度 …………………………………………………………… 46
　单元 5.4　工作间断、转移和终结制度 …………………………………………… 47
　思考与练习 …………………………………………………………………………… 48

单元 6　检修作业的技术措施与安全用具 ………………………………………… 49
　单元 6.1　关于停电的规定 ………………………………………………………… 50
　单元 6.2　关于验电的规定 ………………………………………………………… 53
　单元 6.3　关于放电和装设接地线的规定 ………………………………………… 55
　单元 6.4　关于悬挂标示牌和装设遮栏的规定 …………………………………… 56
　单元 6.5　典型工作票、工作许可票的填写 ……………………………………… 58
　单元 6.6　安全作业流程训练 ……………………………………………………… 61
　单元 6.7　安全用具的保管与使用 ………………………………………………… 61
　思考与练习 …………………………………………………………………………… 69

单元 7　其他作业 ……………………………………………………………………… 70
　单元 7.1　低压设备及低压线路上的作业 ………………………………………… 70
　单元 7.2　入洞作业 ………………………………………………………………… 73
　单元 7.3　继电保护及二次回路上的作业 ………………………………………… 73
　单元 7.4　电气试验作业 …………………………………………………………… 76
　单元 7.5　电缆作业 ………………………………………………………………… 77
　单元 7.6　使用携带型仪器、仪表的测量工作 …………………………………… 79
　思考与练习 …………………………………………………………………………… 80

单元 8　城市轨道交通变电站运行管理 …………………………………………… 81
　单元 8.1　城市轨道交通变电站供电系统概述 …………………………………… 81
　单元 8.2　干式变压器运行技术要求 ……………………………………………… 82
　单元 8.3　高压配电装置运行技术要求 …………………………………………… 84
　单元 8.4　整流柜运行技术要求 …………………………………………………… 87
　单元 8.5　DC 750V（1 500V）直流开关设备运行技术要求 …………………… 89
　单元 8.6　电压、电流互感器运行技术要求 ……………………………………… 91
　单元 8.7　400V 电力电容器运行技术要求 ……………………………………… 92
　单元 8.8　防雷保护装置运行技术要求 …………………………………………… 93
　单元 8.9　接地装置运行技术要求 ………………………………………………… 94
　单元 8.10　排流柜运行技术要求 ………………………………………………… 95
　单元 8.11　低压配电装置及低压电器运行技术要求 …………………………… 96
　单元 8.12　变电站操作电源运行技术要求 ……………………………………… 99
　单元 8.13　变电站二次系统与继电保护运行技术要求 ………………………… 102
　单元 8.14　变电站综合保护自动化装置运行技术要求 ………………………… 104
　单元 8.15　GIS 设备运行技术要求 ……………………………………………… 105
　思考与练习 …………………………………………………………………………… 106

单元 9　供电系统调度管理 ··· 107
　　单元 9.1　调度管理任务 ·· 107
　　单元 9.2　电调机构和主要职责 ·· 108
　　单元 9.3　调度范围划分 ·· 109
　　单元 9.4　电调基本制度 ·· 109
　　单元 9.5　重要用户供电管理 ··· 110
　　单元 9.6　调度用户变电站管理 ·· 110
　　思考与练习 ·· 111
单元 10　变电站事故管理规程 ··· 112
　　单元 10.1　事故处理原则 ·· 112
　　单元 10.2　事故判断信息反馈原则 ··· 112
　　单元 10.3　事故处理请示、报告制度 ·· 113
　　单元 10.4　供电系统事故处理和突发事件应急处置 ··· 113
　　思考与练习 ·· 116
参考文献 ··· 117

单元1 概 述

知识目标

理解城市轨道交通变电运行规程所涉及的专业岗位及主要工作内容;熟悉实际工作中必须依据的法律法规、国家标准、行业标准及具体设备的技术规范;理解相关专业术语及其定义。

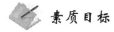能力目标

能熟练查阅相关国家标准及参考文献,解决工作中的实际问题;能正确使用专业术语进行工作交流;能担当变电运行工作中的不同职业角色。

素质目标

养成遵章守纪、规范操作的职业习惯;具有安全责任意识和敬业、探索精神;能借助各类技术资料、工具书及校内外网络教学资源自主学习。

建议学时

2学时。

单元1.1 课 程 意 义

我国自1965年开始城市轨道交通建设并于1969年开通第一条线路以来,随着城市发展及人口规模的快速扩大,全国各地城市轨道交通建设呈现"爆炸性"发展的态势。城市轨道交通以其运量大、速度快、安全、准点、保护环境、节约能源和用地的特点,逐渐成为城市公共交通的重点发展方向,而可靠的供电系统是城市轨道交通安全运营的重要保障。

城市轨道交通变电站是整个城市轨道交通系统的"桥梁",其安全运行关系到整个城市轨道交通系统的安全运营,它是城市轨道交通运营的电力来源。例如,城市轨道交通列车是电力牵引的电动列车,其动力就是电能。此外,为城市轨道交通运营服务的辅助设施包括照明、通风、空调、排水、通信、信号、防灾报警、自动扶梯等,也都依赖并消耗电能。在城市轨道交通运营中,供电一旦中断,还会危及旅客生命安全和造成设备财产损失。因此,高度安全、可靠而又经济合理地供给电力是城市轨道交通正常运营的重要保证和前提。

城市轨道交通变电站主要设备包括牵引、动力变压器、整流柜、小车断路器、环网柜、电动隔离开关、排流柜、再生制动储能装置、EPS电源以及控制、保护、测量综合自动化屏等。交、直

流电压等级变化多、设备结构复杂、运营时间长,可以说,变电站是电压等级高、技术含量高、安全风险高的"三高"工作岗位,为了保证变电设备和工作人员的安全,保障乘客顺利出行,需要规范各类工作人员的行为,提高变电站的运行管理水平,保证供电系统安全稳定运行。严谨的规章制度对于操作者自身安全、设备安全及他人安全都是至关重要的,凡是在变电站工作的有关技术人员及管理人员,都应该全面理解并严格执行安全运行的有关规定。大量调查数据表明,诸多人身伤亡和设备损坏的事故案例,都是由于违章造成的,因此,我们常说"违章不一定出事故,但所有事故都存在着违章"。有些事故是因为责任人不懂规程,有些事故是因为责任人执行不到位,出现这些情况,关键是对安全工作重视不够、考核不严、监管不到位。

例如,近年来发生在城市轨道交通中的事故,不乏因工作人员违规操作导致供电系统运行不当造成,如2008年,某城市机场快轨突然停运,时长15min,近百名乘客出行受影响,经调查分析,原因是一个综控室供电开关误跳闸,导致轨道区间段断电。再如,某行车区间隧道一侧的电缆突然脱落,造成区间轨道停电,该路段无法正常通行,其原因在于,城市轨道交通常年运行对固定架的稳定性有所影响,工作人员没有按照规程定期维护,导致接触网掉落。避免类似事故发生的方法就是定期检查,而按照规范巡视检查正是城市轨道交通电力值班人员必备的工作项目之一。

本书是在国家有关法律、法规和现场实际运行规程的基础上,并结合现阶段城市轨道交通管理和运行方面的经验编写完成的,主要参考了我国电力行业系列标准:《电业安全工作规程》(发电厂和变电所电气部分)、(电力线路部分)、(高压试验部分),其内容特点是综合性比较强,涉及《中华人民共和国劳动合同法》、《中华人民共和国安全生产法》、《中华人民共和国电力法》、《电业安全工作规程》、《用电安全导则》、《城市轨道交通设计规范》、《电力变压器运行规程》、《电力电缆运行规程》、《高压断路器运行规程》、《电力设备预防性试验规程》、《继电保护和安全自动装置技术规程》、《微机继电保护装置运行管理规程》、《电气工作票技术规范》、《干式变压器技术参数和要求》等。针对变电站值班及电调的岗位活动,本书比较系统地阐述了城市轨道交通变电工作人员从事高压运行值班、倒闸操作、巡视、检修、试验、测量、电调等特种作业时必须遵守的安全运行与管理规定;明确了绝缘安全工器具的安全使用规定;叙述了高压供用电设备运行的技术要求以及事故处理的有关规定。城市轨道交通变电站安全运行规程是工作人员必须遵照执行的行为准则,对于城市轨道交通供电专业的人才培养,以及城市轨道交通变电站工作人员的日常工作提供了指导和借鉴。但由于各变电站的系统运行方式不同,主接线及二次回路各异,所以在执行过程中,需要结合现场实际情况及相邻站之间的连锁关系综合考虑。

单元1.2 课程要求

城市轨道交通变电站安全运行规程涉及的专业面比较广,因此,学习者应该掌握一定的职业通用知识和基本操作技能,具备电力系统、高电压技术、变配电设备、安全用电及继电保护方面的前期基础知识,学习规程时,必须将相关学科内容融会贯通,在理解的基础上记忆。建议学生在学习过程中,将知识点、技能点、安全关键点进行条目化梳理,思路清晰地进行"三问答":一问答能做什么;二问答不能做什么;三问答应该怎样做。所以学生在学习规程的过程中,既要像小学生那样进行重复性的训练,又要像研究生那样进行探究性的思考,最终达到"看懂、背熟、做到位"的职业考核标准。

城市轨道交通变电站安全运行规程是城市轨道交通供电专业学生必须掌握的重点学习内容,本书针对城市轨道交通变电站工作人员必须具备的上岗条件,讲授基本的安全考试要点;系统介绍变电站各工作岗位的主要职责及正常巡视值守、事故应急处理的规程;明确相关电气设备的安全使用条件。通过系统的学习和专项技能训练,使学生掌握城市轨道交通变电运行的基本知识和基本技能,增强毕业后的职业竞争及职业晋升能力。为了提高本规程的学习效果,需要一定的辅助学习资源,如城市轨道交通变电站的主接线模拟盘、典型开关电器、基本和辅助安全用具等,建议借助现代信息技术的仿真软件,突破设备的高危技术难点,再现工作场景,在具体任务引领下,夯实专业基础,完成职业角色训练。

学生通过理论实践一体化的学习,应达到以下要求:

(1)了解城市轨道交通变电站的岗位群分类、职责、工作流程。

(2)理解倒闸操作的基本环节,掌握操作票、工作票的填写要求及使用方法。

(3)掌握检修作业的组织措施与技术措施,并能进行相应的操作。

(4)掌握安全用具的使用、保管及质量检验方法。

(5)理解变电设备运行、检修和试验的有关规定。

(6)准确理解电气管理部门下达的维修工作计划、事故预案及应急措施,正确分析各种运行报表,并通过数据分析得出正确的判断。

(7)具备查阅工具书和设备铭牌、产品说明书、产品目录(手册)及网络资源的能力。

(8)能对设备的常见故障及系统运行中的异常现象做出正确判断。

(9)在专业学习的过程中,逐步养成勤于观察思考,理论联系实际的职业素养和沉着应对突发事件的心理素质。

建议本书的教学时数为96学时,全部采用理论实践一体化教学方式。由于不同地区城市轨道交通变电站、不同学校教学环境、不同学生基础的差异,具体学时数可由任课教师进行适当调整。具体安排建议见表1-1:

教 学 安 排 建 议　　　　　　　　　　表1-1

序　号	教 学 内 容	参 考 学 时
单元1	概述	2
单元2	城市轨道交通变电站安全运行工作要求	4
单元3	城市轨道交通变电站的值班工作	12
单元4	倒闸作业	12
单元5	检修作业的组织措施	12
单元6	检修作业的技术措施与安全用具	16
单元7	其他作业	6
单元8	城市轨道交通变电站运行管理	16
单元9	供电系统调度管理	8
单元10	变电站事故管理规程	8
	合计	96

单元 1.3 规程中的专业术语和定义

一、技术术语

1. 工作票

在已经投入运行的电气设备上及电气场所工作时,明确工作人员、交代工作任务和工作内容,实施安全技术措施,履行工作许可、工作监护、工作间断、转移和终结制度的书面依据。

2. 倒闸操作票

电气运行人员改变设备运行状态或改变系统的运行方式所填写的操作步骤。

3. 非正常运行方式

为系统检修和故障处理时,能基本保证城市轨道交通正常运营和系统安全供电,并能满足城市轨道交通正常运营所需电力的供应,在一段时间内所采用的运行方式。

4. 应急运行方式

由于系统故障造成供电能力不足,需要控制车辆运行的运行方式。

5. 供电分区

双环网供电方式下,电源站按正常供电分界点所带各站组成一个供电分区。

6. 自理

自理是一种授权不是调度令。调度员授权变电巡检人员在能控制的停电范围内自行挂设地线、设置安全措施、停送二次电源。

7. 检修工作主变电站

同一项工作涉及多个变电站工作时,应由供电公司指定一个变电站作为工作中主要联系变电站。

8. 大电流接地系统

发生单相接地故障时,接地短路电流很大,如中性点直接接地的系统或中性点经小电阻接地系统。城市轨道交通变电站 10kV 系统一般采用中性点经小电阻接地的方式。

9. TN 系统

电力系统中性点是直接接地的,电气装置的外露可导电部分通过保护导体与该点连接。在 TN 系统中又细分为 TN-C、TN-S 和 TN-C-S 三种:

(1) TN-C 系统:从电源配电盘出线处算起,N 线和 PE 线是合一的。

(2) TN-S 系统:从电源配电盘出线处算起,N 线和 PE 线是分开的。

(3) TN-C-S 系统:在低压电气装置电源进线点前 N 线和 PE 线是合一的,电源进线点后即分为两根线。

10. 一次设备

直接执行供电系统中输、变、配电主要工作任务的设备,包括生产和转换电能的设备、接通或断开电路的开关电器、限制故障电流和防御过电压的电器、接地装置及载流导体。

11. 二次设备

为确保供电系统和一次设备的安全、稳定运行,完成对一次设备运行测量、监视、控制和保护工作任务的设备总称。

12. 双重命名

按照有关规定确定的电气设备中文名称和编号。

13. 事故抢修

设备、设施发生事故或出现紧急状况时,为迅速恢复正常运行而将故障或异常的设备、设施进行处理的工作(不含事故后转为检修的工作)。

14. 高处作业

凡在坠落高度基准面 2m 及以上的高处进行的作业,都应视作高处作业。

15. 高压电气设备

电压等级在 1kV 及以上的电气设备。

16. 安全特低电压

用安全隔离变压器或具有独立绕组的变流器与供电干线隔离开的电路中,导体之间或任何一个导体与地之间有效值不超过 50V 的交流电压。

17. 成套设备

在制造厂预先按主接线的要求,将每一条电路中的电气设备装置在封闭或半封闭的金属柜中,构成各单元电路的分柜。

18. 无人值守变(配)电站

没有固定值班人员在变电站就地进行日常监视与操作的变电站。变电站的日常运行监视与操作由远方控制端进行,设备采取定期巡视维护。

19. 工作接地

电源因运行需要而设置的接地。如变压器绕组三相 Y 接线方式的中性点接地。

20. 保护接地

凡是因绝缘损坏或其他原因可能出现危险电压的金属部分(如电气设备的金属外壳),与大地构成的金属性连接。

21. 运行中的电气设备

全部带有电压、一部分带有电压或一经操作即带有电压的设备。

二、定义

1. 设备状态的定义

(1)运行状态。设备或电气系统带有电压。母线、线路、断路器、变压器、电抗器、电容器及电压互感器等一次电气设备的运行状态,是指从该设备电源至受电端的电路接通并有相应电压(无论是否带有负荷),且控制电源、继电保护及自动装置正常投入。

(2)热备用状态。设备已具备运行条件,经一次合闸操作即可转为运行状态的状态。母线、变压器、电抗器、电容器及线路等电气设备的热备用是指连接该设备的各侧均无安全措施,各侧的断路器全部在断开位置,且至少一组断路器各隔离开关处于合上位置,设备继电保护投入,断路器的控制、合闸及信号电源投入。断路器的热备用是指其本身在断开位置、各侧隔离开关在合闸位置,设备继电保护及自动装置满足带电要求。

(3)冷备用状态。连接设备的各侧安全措施均已拆除,且有明显的断开点,相连接的断路器已断开,相应的隔离开关已断开。

(4)检修状态。连接设备的各侧均有明显的断开点或可判断的断开点,需要检修的设备已接地或该设备与系统彻底隔离。在该状态下设备的保护和自动装置、控制、合闸及信号电源等均应退出。

2. 交流高压和低压的定义

(1)高压:电气设备对地电压在250V以上。

(2)低压:电气设备对地电压在250V及以下。

3. 设备缺陷的定义

运行中的电气设备发生异常,虽能继续使用,但影响安全运行,均称为设备缺陷,分为危急缺陷、严重缺陷和一般缺陷三种:

(1)危急缺陷:缺陷的严重程度已使设备不能继续安全运行,随时可能导致发生事故或危及人身安全,必须尽快消除或采取必要的安全技术措施进行临时处理。

(2)严重缺陷:对人身和设备有严重威胁,不及时处理有可能会造成事故。

(3)一般缺陷:对运行虽有影响但尚能坚持运行。

4. 设备分类

IEC将电气设备按照防电击的要求不同,分为0、Ⅰ、Ⅱ、Ⅲ四类:

(1)0类设备:只靠一层基本绝缘来防电击,且不具备经PE线接地的手段,在基本绝缘损坏的情况下,便依赖于周围环境进行防护的设备。例如电源插头没有PE线插脚的台灯,即属0类设备。

(2)Ⅰ类设备:不仅依靠基本绝缘进行防触电保护,而且还包括一个附加的安全措施,即把易触及的导电部分连接到设备固定布线中的保护导体上,使易触及导电部分在基本绝缘失效时,也不会成为带电部分的设备。这类设备是目前应用最广泛的一类设备。

(3)Ⅱ类设备:不仅依靠基本绝缘进行防触电保护,而且还包括附加的安全措施,这类设备除一层基本绝缘外还加有第二层绝缘以形成双重绝缘,或采用相当于双重绝缘水平的加强绝缘,例如目前带塑料外壳的家用电器都属Ⅱ类设备。

(4)Ⅲ类设备:这类设备的防间接接触电击的原理是降低设备的工作电压,即根据不同环境条件采用适当电压等级的特低电压供电,使发生接地故障时或人体直接接触带电导体时,接触电压都小于该环境条件的接触电压限值。Ⅲ类设备的额定电压被规定为不大于50V,其使用功率和应用范围不可避免地受到很大的限制。

思考与练习

1. 对比叙述容易混淆的专业术语：
(1) 工作票、倒闸操作票
(2) 非正常运行方式、应急运行方式
(3) 一次设备、二次设备
(4) 工作接地、保护接地
2. 电气设备的状态分为哪四种形式？是如何界定的？
3. 交流高压与低压是如何定义的？
4. 设备缺陷分为哪三种？如何区分？
5. 电气设备按照防电击的要求不同分为哪四类？

单元 2　城市轨道交通变电站安全运行工作要求

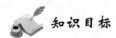 **知识目标**

了解城市轨道交通变电站运行人员的从业条件;理解《中华人民共和国安全生产法》对从业人员所赋予的权利和义务;理解变电站常规管理制度。

 **能力目标**

能自觉监督执行变电站的常规管理制度;能遵守岗位安全职责,安全规范地从事变电运行工作。

 **素质目标**

理论联系实际地主动学习,并能根据就业单位的具体要求,定期参加业务考核,在校内实训室进行角色扮演和情景模拟,不断更新专业知识、提高职业素养。

建议学时

4 学时。

单元 2.1　对工作人员的基本要求

根据《中华人民共和国安全生产法》和《中华人民共和国电力法》的有关规定,城市轨道交通变电站的工作人员必须遵守"安全第一,预防为主"的生产管理方针,保证人身安全和电力系统发、供、配电设备的安全运行。具体要求如下:

一、从业条件

(1)电气工作人员必须具备下列条件:

①经医师鉴定,无妨碍工作的病症,如心脏病、精神病、癫痫病、聋哑、色盲及色弱、高血压等,体格检查一年一次。

②具备必要的城市轨道交通供电专业知识,且按其职务和工作性质,经考试合格。

③电气工作人员应熟悉所管辖的电气设备。

④具备必要的安全生产知识,学会紧急救护法,特别要学会触电急救。
⑤学会防毒面具和消防用具的使用方法。

(2)为保证城市轨道交通供电系统运行、检修和试验作业的安全,对有关人员实行上岗证制度。凡从事城市轨道交通供电系统运行、检修和试验工作的所有人员,都必须经过考试,取得上岗证后,方准许参加相应的城市轨道交通供电系统运行和检修工作。

(3)电气工作人员对城市轨道交通变电站的安全运行规程应每年考试一次。因故间断电气工作连续3个月以上者,必须重新温习本规程,并经考试合格后,方能恢复工作。

(4)对属于下列情况的人员要事先进行安全考试:
①开始参加城市轨道交通供电系统工作的人员,包括新参加电气工作的人员、实习人员和临时参加劳动的人员(干部、临时工等)。
②当职务或工作单位变更,但仍从事城市轨道交通供电系统运行、检修和试验工作的人员。
③中断工作连续3个月以上而仍继续担任城市轨道交通供电系统变电运行、检修和试验工作的人员。

(5)对外单位派来支援的电气工作人员,工作前应介绍现场电气设备接线情况和有关安全措施,在有关人员陪同下进行工作。

(6)根据从事城市轨道交通供电系统运行、检修和试验工作人员的职务不同,应分别由培训中心及人力资源部组织考试并签发上岗证。

二、岗位安全职责

(1)各级领导必须以身作则,要充分发动群众,依靠群众,发挥安全监察机构和群众性的安全组织作用,严格监督本规程的贯彻执行。

(2)变电运行人员应严格遵守规章制度和劳动纪律,具有全面的知识、娴熟的技能和良好的道德规范。

(3)努力学习城市轨道交通变电站的专业技术和安全操作技术,提高预防事故和职业危害的能力。

(4)正确使用及保管好安全防护用具及劳动保护用品。

(5)忠于职守,保证设备安全正常运行,不仅能正确排除已有的故障,并且能及时发现事故隐患。

(6)任何工作人员发现有违反本规程,并足以危及人身和设备安全者,应立即制止。

(7)要按照事故原因不清不放过,事故责任者和应受教育者没有受到教育不放过,没有采取防范措施不放过的"三不放过"原则,对待和处理所有事故。

(8)凡进行电气工作的人员,在工作现场必须按规定劳保着装。

(9)作业人员违反供用电合同,未能保证供电质量或者未事先通知用户中断供电,给用户造成损失或人身伤害的,应当依法承担赔偿责任。

但电力运行事故由下列原因之一造成的,电力部门及作业人员不承担赔偿责任:
①不可抗力。
②用户自身的过错。

（10）作业人员违反规章制度、违章调度或者不服从调度指令，要对有关主管人员和直接责任人员给予行政处分，造成重大事故的，依照刑法有关规定追究刑事责任。

（11）电力工作人员故意延误电力设施抢修或者抢险救灾供电，造成严重后果的，依照刑法有关规定追究刑事责任。

单元2.2　从业人员的安全生产权利及义务

《中华人民共和国安全生产法》对于从业人员的安全生产权利义务有明确的规定："生产经营单位的从业人员有依法获得安全生产保障的权利，并应当依法履行安全生产方面的义务。"

一、安全生产权利

（1）知情权。《中华人民共和国安全生产法》第36条规定："生产经营单位应当教育和督促从业人员严格执行本单位的安全生产规章制度和安全操作规程；并向从业人员如实告知作业场所和工作岗位存在的危险因素、防范措施以及事故应急措施"。即从业人员有了解其作业场所和工作岗位存在的危险因素、防范措施和事故应急措施的权利。知情权可以保障从业人员知晓并掌握有关安全知识和处理办法，从而可以消除许多不安全因素和事故隐患，避免事故发生或者减少人员伤亡。

（2）建议权。《中华人民共和国安全生产法》第45条规定："生产经营单位的从业人员有权了解其作业场所和工作岗位存在的危险因素、防范措施及事故应急措施，有权对本单位的安全生产工作提出建议"。即从业人员有对本单位的安全生产工作提出建议的权利。建议权可以保障从业人员作为安全生产的基本要素发挥积极的作用，做到安全生产，人人有责。

（3）批评权和检举、控告权。《中华人民共和国安全生产法》第46条规定："生产经营单位不得因从业人员对本单位安全生产工作提出批评、检举、控告或者拒绝违章指挥和强令冒险作业而降低从业人员的工资、福利等待遇或者解除与其签订的劳动合同"。即从业人员有对本单位安全生产管理工作中存在的问题提出批评、检举、控告的权利。

（4）拒绝权。《中华人民共和国劳动法》第56条规定："劳动者对用人单位管理人员违章指挥、强令冒险作业，有权拒绝执行"。可见，从业人员有拒绝违章作业指挥和强令冒险作业的权利。

（5）紧急避险权。《中华人民共和国安全生产法》第47条规定："从业人员发现直接危及人身安全的紧急情况时，有权停止作业或者在采取可能的应急措施后撤离作业场所。生产经营单位不得因从业人员在前款紧急情况下停止作业或者采取紧急撤离措施而降低其工资、福利等待遇或者解除与其订立的劳动合同"。即从业人员发现直接危及人身安全的紧急情况时，可以采取紧急避险措施的权利，可以停止作业或者在采取可能的应急措施后撤离作业场所。

（6）要求工伤保险待遇和民事赔偿的权利。《中华人民共和国安全生产法》第44条规定："生产经营单位与从业人员订立的劳动合同，应当载明有关保障从业人员劳动安全、防止职业危害的事项，以及依法为从业人员办理工伤社会保险的事项"。"生产经营单位不得以任何形式与从业人员订立协议,免除或者减轻其对从业人员因生产安全事故伤亡依法应承担的责任"。第48条规定:"因生产安全事故受到损害的从业人员,除依法享有工伤社会保险外,依照有关民事法律尚有获得赔偿的权利的,有权向本单位提出赔偿要求"。即从业人员因生产安全事故受到损害时,除依法享受工伤社会保险待遇外,有向本单位提出赔偿要求的权利。

(7)获得各项安全生产保护条件和保护待遇的权利。从业人员有获得安全生产卫生条件的权利。有获得符合国家标准或者行业标准劳动防护用品的权利,有获得定期健康检查的权利等。

(8)获得安全生产教育和培训的权利。即从业人员有获得本职工作所需的安全生产知识、安全生产教育和培训的权利,从而使从业人员提高安全生产技能,增强事故预防和应急处理能力。

二、安全生产义务

(1)遵章守纪,服从管理的义务。从业人员在作业过程中,应当严格遵守本单位的安全生产规章制度和操作规程,服从管理。安全生产规章制度和操作规程是生产经营单位进行安全生产的基本要求和保证,而安全生产管理是维护生产经营单位正常生产秩序的保障,作为本单位职工的从业人员有义务严格遵守及服从。

(2)正确佩戴和使用劳动防护用品的义务。从业人员在作业过程中,应当正确佩戴和使用劳动防护用品,严禁在作业过程中放弃使用劳动防护用品或者不正确佩戴、不正确使用劳动防护用品。

(3)接受安全教育,掌握安全生产技能的义务。从业人员应接受安全生产教育和培训,掌握本职工作所需的安全生产知识,提高安全生产技能,增强事故预防和应急处理能力。

(4)危险报告义务。从业人员发现事故隐患或者其他不安全因素时,应当立即向现场安全生产管理人员或者本单位负责人报告。

《中华人民共和国安全生产法》还规定:"生产经营单位使用被派遣劳动者的,被派遣劳动者享有本法规定的从业人员的权利,并应当履行本法规定的从业人员的义务"。

单元2.3 变电站常规管理要求

一、人体(及所携带工具)与带电体的安全距离要求

(1)在低压工作中,人体(及所携带工具)与带电体距离应不小于0.1m。

(2)在高压无遮拦操作时,人体(及所携带工具)与带电体之间最小距离,10kV应不小于0.7m,35kV应不小于1m;有遮拦操作时,人体(及所携带工具)与带电体之间最小距离,10kV应不小于0.35m,35kV应不小于0.6m。

(3)在线路上工作时,人体(及所携带工具)与邻近带电导线最小距离,10kV及以下为1m,35kV为2.5m。

(4)使用喷灯、气焊等明火作业时,火焰不得倾向带电体,其最小距离,10kV及以下为1.5m,35kV为3m。

二、高压设备隔离管理要求

（1）在室外高压设备上进行检修工作时，在工作地点四周装设全封闭遮拦网围栏，其出入口要围至临近道路旁边，并设置"从此进出"标示牌。围栏上悬挂适当数量的"止步，高压危险！"标示牌。

（2）若室外设备装置的大部分设备停电，只有个别地点保留有带电设备，应在带电设备四周装设全封闭遮拦网围栏，围栏上悬挂适当数量的"止步，高压危险！"标示牌。

（3）进行室外高压设备预防性试验时，在工作地点要装设遮拦网围栏，遮拦与试验设备高压部分应有足够的安全距离，悬挂"止步，高压危险！"标示牌，并派人看守。被试设备不在同一地点时，另一端也应派人看守。

（4）室外扩建、改建施工时，要采取非金属板对施工区域进行封闭隔离，其出入口至临近道路旁边要设围栏，并设置"从此进出"标示牌。进入配电装置设备区至施工地点出入口处的道路两旁应设置遮拦网围栏，围栏上悬挂适当数量的"止步，高压危险！"标示牌。

（5）当施工地点上方有高压配电装置运行时，应设置安全限高标志。

（6）在室外构架上工作，应在工作地点临近带电部分的横梁上悬挂"止步，高压危险！"标示牌。在上下铁架或梯子上，悬挂"从此上下"标示牌。在临近其他可能误登的带电构架上，悬挂"禁止攀登，高压危险！"标示牌。

（7）作业使用的梯子要结实、轻便、稳固，按国标常用工具试验标准的规定进行试验并合格。

①当用梯子作业时，梯子放置位置要使梯子各部分与带电部分之间保持足够的距离。且有专人扶梯，登梯前作业人员要先检查梯子是否牢靠，梯脚要放稳固，严防滑移，梯子上只能有1人作业。

②使用人字梯时，必须有限制开度的拉链。

三、防小动物管理要求

（1）有针对本变电站实际情况的防小动物措施，定期检查落实情况，发现问题应及时处理并做好记录。

（2）各设备室的门窗应完好严密，出入时随手将门关好。

（3）设备室通往室外的电缆沟、道应严密封堵，因施工拆动后应有临时封堵措施。

（4）各设备室不得存放粮食及其他食品，员工不得在控制室及设备间内用餐。站内厨房的各种食品应有固定存放地点或专用存放器具。

（5）设备室应搁放鼠药或捕鼠器械。

（6）各开关柜、电气间隔、端子箱和机构箱应采取防止小动物进入的措施。

（7）高压配电室、低压配电室、电缆层室、蓄电池室出入门应有防小动物挡板。

制订符合本站实际情况的防小动物事故预案。

四、防汛、防风管理要求

（1）变电站应根据本地区的气候特点和设备实际，制订相应的设备防风、防汛措施。

(2)变电站内应根据需要配备适量的防汛设备和防汛物资(如潜水泵和雨布等),防汛设备在每年汛期前要进行全面的检查、试验,处于完好状态并有专门的台账。

(3)雨季来临前,对可能积水的地下室、电缆沟、电缆隧道及场区的排水设施进行全面检查和疏通,做好防进水和排水措施。

(4)下雨时应对房屋渗漏、下水管排水情况进行检查。

(5)雨后检查地下室、电缆沟及电缆隧道等积水情况,并及时排水,设备室潮气过大时做好通风。

(6)定期检查和清理变电站内、城市轨道交通车站及沿线的异物等,防止大风时引起设备故障。

五、消防管理要求

(1)变电站消防器具的设置应符合消防部门的规定,定期检查消防器具的放置、完好情况并清点数量,记入相关记录。

(2)变电站的电缆隧道和夹层应有消防设施,控制盘、配电盘和开关场区的端子箱等电缆孔应用防火材料封堵。

(3)变电站设备室或设备区不得存放易燃、易爆物品,因施工需要放在设备区的易燃、易爆物品,应加强管理,并按规定要求使用,施工后立即运走。

(4)变电站内易燃、易爆区域禁止动火作业,特殊情况需要到主管部门办理动火手续,并采取安全可靠的措施。

(5)灭火装置、烟感报警装置等消防器材有详细的使用说明,变电运行人员应掌握消防知识和消防器具的使用方法,定期进行消防演习。

(6)运行人员应熟知火警电话及报警方法,各变电站有消防事故预案。

六、外来人员、施工人员安全管理要求

(1)施工人员在施工前,应由负责人与变电站签订安全文明施工协议,工作行为符合安全工作的相关规程。

(2)进入变电站施工作业现场的施工人员应遵守变电站安全管理规定,必须履行工作票手续,在作业中不准擅自变更安全措施。

(3)对于临时聘用的外来施工人员必须履行相应的手续、经安全培训和考试合格后,在供电公司工作负责人的带领下,方可进入变电站。如在施工过程中违反变电站安全管理规定,运行人员有权责令其离开变电站。

(4)各级领导、外来参观人员等必须得到允许后,并戴好安全帽,在变电站运行人员的带领下方可进入设备场区。

(5)施工作业中使用变电站电源时,必须经变电站运行人员同意,并指定接线位置。

(6)不准动用工作票所列范围以外的电气设备,作业中发生疑问时,应先停止作业,立即报告运行人员。

七、作业现场的基本要求

(1)作业现场的生产条件和安全设施等应符合有关标准、规范的要求。

(2)经常有人工作的场所及施工车辆上应配备急救箱,存放急救用品,并应指定专人经常检查、补充和更换。

(3)各类作业人员应被告知其作业现场和工作岗位存在的危险因素、防范措施及事故紧急处理措施。

(4)参加电气值班、操作、修试、安装等工作的人员,上岗前应穿全棉或阻燃工作服,并使用合格的劳动保护和安全防护用品。

(5)现场使用的安全工器具应合格,并符合有关要求。

(6)配电室内严禁烟火,对明火作业严加管理。

(7)作业现场运行设备的调度号应齐全、清楚,设备上不得粘贴与运行无关的标志。

(8)室内外照明充足,电缆盖板齐全。

 思考与练习

1.城市轨道交通变电站从业人员的基本条件有哪些?

2.城市轨道交通变电站工作人员的安全职责是如何规定的?

3.城市轨道交通变电站从业人员的安全生产权力是什么?

4.城市轨道交通变电站从业人员的安全生产义务是什么?

5.高压设备隔离管理要求如何规定?

6.小动物可能造成哪些事故隐患?防小动物管理要求有哪些?

7.防汛、防风管理要求有哪些?

8.消防管理要求有哪些?

9.外来人员、施工人员安全管理要求有哪些?

10.作业现场的基本要求有哪些?

单元 3　城市轨道交通变电站的值班工作

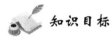知识目标

了解城市轨道交通变电站值班人员的职责与要求;掌握交接班的基本流程;掌握主要设备巡视的内容;了解变电站环境安全管理的基本要求;熟知变电站的技术档案资料。

能力目标

能规范地完成城市轨道交通变电站的交接班工作;能正确进行各种设备巡视,及时发现事故隐患;能独立分析各种运行数据,并对运行状态进行判断;能准确填报各种报表;能有效防范变电站的火灾。

素质目标

通过学校室内外实训场所的情景模拟,提高学生职业道德和岗位职责的自律意识,养成安全意识和良好的职业习惯;能与他人团结协作,具有计算机应用和通信沟通能力。

建议学时

12 学时。

单元 3.1　值班人员的职责及要求

一、值班人员的职责

城市轨道交通变电站值班人员必须严格执行安全工作规程、运行管理规程、电调规程以及单位内部的有关规章制度,认真执行交接班制度、巡视检查制度、倒闸操作制度、设备缺陷管理制度。在日常工作中熟知所管辖设备的各种运行方式,掌握主要设备的性能和正确操作方法,掌握各种保护和自动装置的一般原理和运行规定。在当值时间做好本站设备的监视、操作、维护,根据运行管理的有关规定,正确、迅速地进行突发事故处理,正确填写各种监控、巡视、事故记录,通过运行分析,及时发现设备隐患,做好设备日常维护及运行管理。做好设备备品、维修工具、消防工具及环境卫生的日常管理。

变电站的值班人员分为值班长、正值(有些单位称作主岗、主值或值班员)和副值(有些单位称作副岗或助理值班员),具体职责分工如下:

1. 值班长的职责

(1)值班长是本值安全运行和维护工作的全面负责人。

(2)组织好本值正常运行工作,接受和执行调度(系统和本公司值班调度)命令,能正确、迅速地进行倒闸操作和事故处理。

(3)定时组织设备巡视和抄表工作,发现缺陷应及时组织处理;组织好设备清扫维护工作。

(4)受理工作票有疑问时,应及时向签发人提出,组织进行工作票所列安全措施的实施;负责设备检修后的质量验收工作。

(5)审查操作票:重要操作担任监护或操作;审查本班记录,保证其正确;根据季节变化和设备薄弱环节,做好事故预想,完成本值培训工作。

2. 正值的职责

(1)主要负责当值的各项工作,完成当值设备的维护、资料的收集工作。

(2)参与新、扩、改建设备验收,组织或参加本值内的验收工作。

(3)担任与电调的操作联络,能正确、迅速地组织有关人员执行电调命令,审核操作票并监护执行倒闸操作,完成事故处理。

(4)受理并审查工作票,负责办理工作许可手续。

(5)做好设备的日常巡视、维护工作,正确填写各种记录,及时上报有关数据。

(6)正确无误地填写或审核运行记录。

(7)组织完成本值得安全教育、培训工作。

(8)遇有异常运行、设备事故等情况,应及时向调度及上级领导汇报,进行相应处理并做好相关记录。

(9)根据计划,做好本值内新技术培训、安全教育工作。

(10)按规定组织好交接班工作。

3. 副值的职责

(1)在主值的领导下,配合主值进行设备异常及事故处理。

(2)按规定受理调度(操作)命令,向主值汇报,并能正确填写倒闸操作票。

(3)在主值监护下,正确执行倒闸操作。

(4)做好设备的日常巡视、维护、监盘和事故隐患处理工作。

(5)协同主值受理工作票,并办理工作许可手续。

(6)协同主值做好当值相关记录。

(7)保管好各种工具、仪表、钥匙和备品等。

(8)参加设备验收、调试工作。

(9)正确执行各项安全技术措施。

(10)负责打扫全站卫生。

二、值班人员的岗位要求

(1)城市轨道交通变电站值班人员必须持有中华人民共和国特种作业操作证(高压运行

维修），并经考试合格后才能上岗。值班负责人和单独值班人员应由有值班工作经验的人员担任。

（2）值班人员必须熟悉本所电气设备的性能及运行方式，掌握操作技术。

（3）以下工作必须由两人进行，一人操作，一人监护：

①10kV 及以上设备的倒闸操作。

②低压主开关的倒闸操作。

③母线联络开关的倒闸操作。

④电气测量。

⑤验电、放电，装拆临时接地线。

（4）高压设备单人值班时，值班人员不允许进行高压设备的清扫和检修工作，也不允许进行装拆接地线的工作。

（5）无论高压设备是否带电，值班人员不得单独移开或越过遮栏进行工作。若有必要移开遮栏时，必须有监护人在场，并保持人体、遮栏或绝缘板与带电导体间的最小安全距离。

（6）在变电所停电检修和安装工作时，值班人员应认真执行安全技术措施和组织措施的有关规定，并应向工作负责人指明停电范围、工作范围及带电设备的位置。

（7）电气设备停电后，在未做好安全措施之前，值班人员不得接触设备或进入设备遮栏内。

（8）在发生严重威胁设备和人身安全的紧急情况下，值班人员应立即断开有关设备的电源，但事后必须报告上级有关部门，并将情况详细记入值班记录。

（9）当发生事故后，未找出事故原因和对现场未进行妥善处理时，不允许恢复送电。

（10）在满足最小安全距离的条件下，下列工作项目可在设备不需要停电的情况下进行：

①抄写带电设备铭牌参数。

②用钳形电流表测量电流，用绝缘棒贴示温蜡片。

③变压器基础小修。

④低压设备的简单维修工作。

（11）值班人员应按日程安排值班，统一着装，不得进行与工作无关的活动，不得擅自离岗。

单元3.2　交接班的规定

交接班是为了分清岗位责任、避免工作脱节所必须进行的一系列工作，它是由即将下班的人员与即将上班的人员共同完成的一项重要任务。

一、交接班的准备工作

当值人员在交班之前，要做好一系列准备工作，具体内容如下：

（1）整理好运行日志、工作票、操作票、调度命令等各类记录本。

（2）逐一清点工具、仪表、安全用具、钥匙和备品。

(3)做好室内外清洁卫生,各类物品按指定位置摆放整齐。
(4)检查一次系统模拟图是否与实际相符,负荷情况是否正常。
(5)检查二次设备及二次信号系统是否正常,各种显示器的显示是否与实际相符。
(6)检查本班工作票收发是否准确,现场安全措施是否正确,遇有检修工作未完成时,特别要将临时接地线的使用情况交代清楚。
(7)检查操作票执行情况是否正确,交下班的操作票是否已审票、已核对。
(8)检查直流系统、应急电源系统是否正常。
(9)检查各种电脑、通信、记录仪等设备是否正常。
(10)本班人员是否到齐,是否按要求着装。

对于下一班接班后要立即执行的工作任务,交班人员要为其做好准备工作。一般规定,接班人员应提前 10~20min 到岗,做好接班的一切准备。

二、交接班的主要内容及流程

1. 主要内容

交接班时,交班人员要向接班人员明确以下几个方面的内容:
(1)设备运行方式,设备变更和异常情况处理经过。
(2)设备修试、扩建等未完成工作的进展情况。
(3)本职发现的设备缺陷及处理和维护情况。
(4)已执行的工作票、操作票,地线使用组数、位置及备用地线的数量。
(5)继电保护、自动装置、远动装置、监控系统的运行及变动情况。
(6)规章制度、上级指示的执行情况。
(7)设备清扫、环境卫生、消防设施、工具、钥匙等。

接班人员主要完成以下接班内容:
(1)检查主接线模拟图板,核对系统的运行方式、设备位置,并重点检查上值操作过的设备。
(2)检查设备缺陷,特别是新发现的缺陷,是否有进一步扩展的趋势。
(3)检查有关音响信号、远动及自动装置、微机监控系统,了解数据变更情况。
(4)了解设备的修试情况,重点检查修试工作质量和安全措施布置情况。
(5)审查各种记录、技术资料及安全用具、消防用具、工具、钥匙、设备环境卫生等。

2. 工作流程

(1)接班人员详细阅读运行日志及相关记录,了解上值设备运行情况。
(2)听取交班人员对运行情况的陈述,核对相关记录及当值尚未完成需接班后继续做的工作和注意事项。
(3)交接班人员共同查看变电所操作员工作站(上位机),核对系统运行方式,确认运行方式变动的时间和原因。
(4)现场巡视一次系统是否正常及负荷情况,二次回路是否正常,试验信号并检查各种信号灯,检查直流系统绝缘、蓄电池系统是否正常等。

(5)设备检修、异常运行及事故处理情况。

(6)根据操作票、工作许可票,交接班人员现场共同检查作业有关的安全设施,核对接地线使用数量及编号。

(7)各种记录簿、资料、图纸、钥匙、工具、仪表、备品和安全用具的收存保管情况。

(8)交接班人员共同检查灭火器、呼吸器等消防设施是否完好,压力是否正常,消防通道是否畅通,朝向隧道的门是否锁紧。

(9)双方交接清楚后,全体人员应回到控制室列队汇报检查结果,在运行日志上签名。接班人员签名后,运行工作的全部责任由接班人员负责。

(10)接班后,值班长应根据天气情况、运行方式、工作情况、设备情况等,安排本班工作,做好事故预想,并传达上级要求等。

三、交接班的注意事项

(1)遇有重要倒闸操作及事故处理时,不得进行交接班,由交班方继续工作,待事故处理暂告一段落后,继续交接班。

(2)交班人员要主动介绍情况,并对下一班的重要工作进行提示,若交班值班员交代内容不清,接班值班员应询问清楚。巡视中发现的问题,应及时向交班人员提出,由双方做好有关记录和说明。

(3)若发现接班员喝酒或精神失常,交班值班员应拒绝交班,并立即向有关领导汇报。

(4)若接班值班员因故未或迟来接班,交班值班员不得擅自离开,不得以电话通知的方式进行交接班,应及时向有关领导请示,运行人员不得连续值班。

(5)若在交接班期间发现或发生的问题,由交班负责人鉴定、记录及进行相应处理。

(6)在进行完全部交接事项后,双方应在交接班记录本上签名,方可认为完成了交接班任务。

单元3.3 设备巡视的规定

变电站的巡视是及时发现和消除事故隐患,保证设备安全运行的有效手段之一。运行人员主要通过在实践中逐渐积累起来的看、听、闻、触等方法,感知设备的异常现象,进而判断设备是否存在缺陷和隐患。

(1)看:值班人员通过观察运行设备的外观和各种仪表,从而发现异常现象,如变色、变形、放电、冒烟、挂搭异物及腐蚀污秽等。

(2)听:值班人员应掌握变压器、互感器等电磁设备正常和异常时的声响,根据音律、音量来判断设备是否发生故障。

(3)闻:电气设备的绝缘材料一旦过热就会向周围空气发出异味,巡视时闻到异味时,可跟踪到发热设备的位置,直至查明原因。

(4)触:对确认不带电且外壳可靠接地的设备,可用手触试的方法,检查温升和振动的情况。

一、设备巡视的分类及主要内容

城市轨道交通变电站的设备巡视分为日常巡视和特殊巡视两种。

1. 日常巡视的主要内容

日常巡视是指交接班巡视和每班一次的白天巡视,具体项目如下:

(1) 查看上位机,确认开关位置及运行方式,检查各种表计显示,分析电压和电流等各种数据是否正常。

(2) 绝缘瓷质部分应清洁,无破损和裂纹,无放电现象和痕迹,瓷瓶铸脚、穿心丝杆是否松动。

(3) 导线无过热、断股和松股、过紧或过松现象;电气连接部分应连接牢固,接触良好。

(4) 保护装置的音响、信号指示正常,试验时动作反应正确。

(5) 变压器运行声音应正常,无异常气味。

(6) 设备安装牢固,无倾斜、破损;外壳无严重锈蚀现象;设备接地良好;柜门应锁好。

(7) 查看并分析变电所事件记录表、各种智能装置、自动化通信状态有无异常。

(8) 充气设备的密封是否完好,压力是否正常。

(9) 充油设备有无渗漏现象,油位是否在对应温度的允许范围内。

(10) 变电所内门窗完整,照明齐全,暖气装置无漏水、漏气现象。

(11) 对安全工具、生产工具、备品备件、钥匙、通信设施及防火、防盗、防汛、防小动物等设施进行检查。

2. 特殊巡视的主要内容

特殊巡视主要指每周一次的夜间闭灯巡视和遇有下列情况的巡视:

(1) 异常天气时,如:严寒季节、高温季节、大风大雾、霜冻雨雪期间。

(2) 设备过负荷或负荷有明显增加。

(3) 新安装的设备,设备经过大修、改造或长期停用后重新投入运行时,具体规定如下:新设备投入运行后,每半小时巡视一次,4h 后正常巡视检查;主设备投入运行后,每 0.5h 巡视一次,要延长到 24h 后正常巡视检查,主变压器新投运或经过大修改造后在 72h 内每 0.5h 巡视一次。

(4) 设备处于非正常运行方式或设备有可疑现象、带故障缺陷运行。

(5) 遇有重要节日及重大活动。

(6) 事故跳闸后,重新送电。

二、巡视检查的基本要求

(1) 未取得上岗证的变电人员不得单独巡视。设备巡视前,要事先通知电调或变电所值班人员。设备巡视时,禁止打开高压设备的防护栏或进入高压柜内。

(2) 电气技术负责人应定期对变电所的设备进行巡视。

(3) 变电所应根据实际设备情况制定具体巡视检查的内容。值班人员应按规定的设备巡视路线巡视设备,以防遗漏或走重复路线。

(4) 巡视时应带好必要的工具,如手电筒、手套、验电笔以及必要的辅助仪器(如红外测温仪等)。

(5) 巡视时应注意与高压带电设备保持安全距离,不要越过遮拦巡视,不要触及带电、高温、高压等危险部位,手触及设备外壳和构架时应戴绝缘手套。

(6) 寻找高压设备接地点时,穿绝缘靴,接触设备和外壳的构架时,应戴绝缘手套。运行人员对故障点的安全距离:室内大于4m,室外大于8m。

(7) 巡视时不要打开变压器、整流柜柜门,防止造成断路器跳闸事故。

(8) 在巡视检查中若发生事故,应立即中断巡视,返回本岗位处理事故。

(9) 巡视中发现问题时,不兼做检修工作,应判断原因及时汇报。

(10) 雷雨天气,需要巡视室外高压设备时,应穿绝缘靴,并不得靠近避雷器和避雷针。

(11) 巡视配电装置,进出高压室,必须随手将门锁好。

(12) 巡视人员在巡视开始和终了时,均应告知本值人员。终了时要说明巡视结果,并做好记录。

单元3.4 变电站的环境安全管理

城市轨道交通变电站装有变压器、互感器、避雷器、电力电容器、交直流开关柜、监控保护盘及电缆等多种高压设备和低压设备,变电站一旦发生事故,不仅不能为城市轨道交通车辆正常供电,还可能导致设备损坏和人身伤亡事故,所以要有一系列的环境安全管理制度。

一、场地环境管理制度

(1) 变电站的选址应符合供电、建筑、安全的基本原则,应避开易燃、易爆环境,不应设在人员密集的场所。变电站建筑应考虑灭火、防蚀、防污、防水、防雨、防雪及防震的要求,应有足够的消防通道并保持畅通。

(2) 变电站各房间应为耐火建筑,各间隔的门应向外开启。门的两面都有配电装置时,应两边开启,门应为非燃烧体或难燃烧体材料制作的实体门。长度超过7m的高压配电室和长度超过10m的低压配电室至少应有两个门。

(3) 门窗及孔洞应设置网孔小于10mm×10mm的金属网,防止小动物钻入,通向站外的孔洞、沟道应予封堵。

(4) 控制室、高低压设备室等房屋建筑,应定期维修,达到防火、防雨雪、防汛、防小动物侵入的要求,并保持通风良好,温度正常。

(5) 高压室的门应向外开启,且应采用外面需用钥匙开门、里面可直接开锁的门。

(6) 变电站的重要部位应设有"止步,高压危险!"等标示牌。

(7) 按照企业"5S"管理要求,定期清扫、管理,保持场地环境的卫生和设备整齐。

(8) 消防设施固定在便于取用的明显位置,并有专人管理。

(9) 设备操作通道和巡视通道上严禁堆放杂物,要安装通道指示标志和应急灯,并保证道路畅通。

(10)电缆沟盖板应完整无缺,电缆沟内无积水,无小动物。

(11)室外设备区严禁有爬藤植物,杂草要及时清除。

(12)机动车辆必须经电气负责人批准后方可驶入变电所区域内,作业中始终与设备有电部分保持足够的安全距离,并有专人监护。

二、变电站的火灾防范

火灾是城市轨道交通各种事故中最为恐怖的灾害,它不但会烧毁设备,还会造成大量人员因吸入有毒气体窒息死亡。城市轨道交通防火是一个系统工程,可以从以下3个方面入手:

(1)设备防火。一方面要保持设备绝缘表面的清洁;特别要注意10kV电缆头等角落或隐蔽部位的清洁;另一方面要消除导体接触不良现象,避免因导体接触不良而引起相关绝缘发热,继发重大事故。

(2)操作防火。防止带负荷拉合隔离开关及人为造成短路。要管理好临时接地线、放电杆、短接线、接地刀闸、接地手车,防止带电接地线和带地线合闸。值班人员在巡视时,不要轻易放过异常气味,以免贻误了早期发现火灾并及时扑救的时机。开关合闸后,尤其是短路跳闸后送电时,要认真查看电流表指示值是否正常并加强设备巡视,确认没有异常后方可离开。在清扫设备时要检查防火封堵的情况。

(3)环境防火。一是控制可燃物,及时清除杂物,如废报纸、棉丝破布等,变电站内不得储存易燃品,禁止使用易挥发的有机溶剂清洗零部件;二是控制火源,在进行电气焊和其他动火工作前,一定要先准备好灭火器,清理现场可燃物,电缆层盖板的缝隙和周围的物品要用石棉布遮挡,有专人看守,防止电焊渣引起火灾。

三、变电站必备的用具和器材

(1)各种安全用具(绝缘杆、绝缘夹钳、绝缘靴、绝缘手套、绝缘垫、绝缘站台、各种标示牌、临时接地线、验电器、脚扣、安全带及梯子等)。

(2)常用携带式仪表(兆欧表、万用表、钳形电流表、接地电阻测量仪、直流电桥及远红外测温仪等)。

(3)应急照明设施(停电应急灯和手电筒等)。

(4)电气消防器材(防毒面罩、干粉灭火器和二氧化碳灭火器等)。

(5)外伤处理等急救医药箱。

单元3.5 变电站的技术资料管理

为了使变电运行人员全面了解设备、掌握各种作业标准,从而保证变电站的安全运行,变电站应具备配套的技术资料,并有专人管理。

一、技术规程及行业标准

(1)电气安全工作规程。

(2)电气安装规程。
(3)运行管理规程。
(4)电调管理规程。
(5)变压器运行规程。
(6)继电保护及安全自动装置运行管理规程。
(7)电气设备交接试验规程。
(8)电气设备预防性试验规程。
(9)各种反事故技术措施。
(10)结合本变电站建立的规章制度,如工作票制度、操作票制度、工作许可制度、工作监护制度、值班制度、巡视制度、检查制度、检修制度及防火责任制、岗位责任制等。

二、必备的运行记录

(1)值班日志。
(2)调度、命令、操作记录簿。
(3)负荷记录、运行分析记录。
(4)设备巡视检查记录。
(5)设备检修、试验、测量记录。
(6)保护装置定值及动作记录。
(7)电缆线路运行记录、事故记录及预防性试验记录。

三、必备的技术管理资料

(1)高、低压系统图。
(2)电缆敷设图(包括用途、路径、截面和型号等)。
(3)继电保护及自动装置接线图。
(4)设备使用说明书。
(5)直流电源系统图。
(6)全所建筑及设备平面图、断面图。
(7)各种人员分工表、电话簿。

四、设备档案资料

(1)设备安装使用说明书、安装图、构造图。
(2)设备卡片。
(3)各种试验报告单及绝缘分析鉴定书。
(4)设备缺陷记录、检修记录。
(5)设备动作次数记录。
(6)接地装置验收、试验及测量接地电阻记录。

思考与练习

1. 城市轨道交通变电站值班人员的职责是什么？主值和副值是如何分工的？
2. 城市轨道交通变电站值班人员的岗位要求有哪些？
3. 交接班的准备工作有哪些？
4. 变电站交班和接班具体工作内容有哪些？交接班应注意哪些事项？
5. 小组活动：学生分别担任不同的职业角色，模拟交接班的完整工作过程。
6. 设备巡视分为哪两类？主要内容是什么？
7. 巡视检查的基本要求是什么？
8. 设计一个日常巡视的工作计划表。
9. 网络搜集事故案例，分析变电站防范火灾的重要性，并制订具体措施。
10. 变电站应该配备哪些技术规程和行业标准作为运行人员工作的依据？
11. 变电站运行人员要填报哪些运行日志及记录？
12. 变电站有哪些存档的技术资料？

单元4 倒闸作业

知识目标

了解城市轨道交通变电站倒闸操作的作用、技术要求;了解倒闸操作票的格式和人员职责分工;理解操作票的规范用语和填写要求;理解倒闸操作的基本流程。

能力目标

能规范地填写操作票;能正确、熟练地使用各种安全用具,并与他人配合完成倒闸操作;能保证人身、设备安全。

素质目标

利用学校的主模拟盘或现场实训设备进行核心职业技能的反复训练,培养学生安全操作的责任意识和职业习惯;具备不同职业角色之间沟通与协作能力;具有一定计算机应用能力和应对突发事件的反应能力。

建议学时

12学时。

单元4.1 倒闸作业的有关规定

倒闸作业是城市轨道交通变电运行人员的一项重要的常规工作,操作的准确与否,直接关系到操作人员的安全和设备的正常运行,一旦发生错停电、错送电、漏停电、漏送电,带负荷拉合隔离开关,带接地线送电,带电合接地刀闸或挂接地线等,将导致人员伤亡、设备损坏、设备火灾或大面积停电,从而造成重大损失。城市轨道交通从早到晚承担着繁忙的运输任务,只有在停止运营期间才能进行检查和维护。因此,每天都要进行倒闸操作,同时还要进行设备维护和传动试验,由于工作量大且限定的时间很短,所以要求倒闸操作准确无误、动作迅速。

一、倒闸操作的定义及保障措施

1. 定义

电气设备分为运行、备用(冷备用及热备用)、检修3种状态。将设备由一种状态转变为另一种状态的过程叫作倒闸,所进行的操作叫作倒闸操作。通过操作隔离开关、断路器以及挂、拆接地线将电气设备从一种状态转换为另一种状态或使系统改变了运行方式,这种操作就叫作倒闸操作。倒闸操作涉及的主要内容有:拉、合某些断路器或隔离开关;拉、合接地隔离开关;拆、挂接地线;改变继电保护整定值等。

2. 保障措施

倒闸操作过程中,发生电气误操作,不仅会导致设备损坏、系统停电,而且会发生人身伤亡事故,危害极大,防止误操作的有效措施主要有:技术措施——联锁装置;组织措施——操作票制度。

(1)联锁装置。在断路器和隔离开关之间加装联锁,达到防止误操作的目的。联锁的方式有机械联锁和电气联锁两大类。电气联锁又可分为电磁联锁和微机联锁。近年来,随着微机保护和自动化系统的广泛应用,许多联锁关系都是通过控制程序实现的。城市轨道交通变电站的交直流高压开关柜也都具有"五防"功能,即防止带负荷拉合隔离开关;防止误拉、误合断路器;防止带接地线合闸;防止带电挂接地线;防止误入带电间隔。

(2)操作票制度。牵引站、降压站由电调下令改变电力系统运行方式的操作,均应填写倒闸操作票,除一次设备外,二次保险、保护改定值、压板和手把的投入和停止、验电和拆、挂地线等亦应填写。如遇发生严重威胁电气设备或人身安全的紧急事故情况,可先进行操作再补填操作票。但事故后必须向有关部门和上级领导报告,同时将情况详细记入值班记录。

二、倒闸的顺序原则及操作要领

1. 顺序原则

(1)停电拉闸操作,必须按照先断开断路器,后断开隔离开关或开关手车的顺序依次进行。送电合闸操作应按与上述相反的顺序进行,严禁带负荷拉、合隔离开关。

为防止误操作,高压电气设备都应加装防误操作的闭锁装置。闭锁装置的解锁用具(包括钥匙)应妥善保管,按规定使用。机械锁要一把钥匙开一把锁,钥匙要编号并妥善保管,方便使用。所有投运的闭锁装置(包括机械锁)不经值班调度员或值班负责人同意不得退出或解锁。

(2)变压器两侧(或三侧)开关的操作顺序规定如下:停电时,先拉开负荷侧开关,后拉开电源侧开关,送电时,顺序与此相反(即不能带负载切断电源)。

(3)单极隔离开关及跌落式开关的操作顺序规定如下:停电时,先拉开中相,后拉开两边相,送电时,顺序与此相反。有风时,拉开中相后,先拉下风口,后拉上风口。送电时相反。

(4)双回路母线供电的变电所,当出线开关由一段母线倒换至另一段母线供电时,应先断开待切换母线的电源侧负荷开关,再合母线联络开关。

2. 操作要领

(1)分、合隔离开关(QS)。操作 QS 之前首先要检查相应的 QF 在断开位置,手动分闸、合闸时动作要按慢—快—慢的过程进行。发生带负荷错拉刀闸,如拉开时,不准再合上;如发生带负荷错合刀闸,无论是否造成事故,均不准将错合的刀闸再拉开。QF 分闸后,应实地检查断口张开的角度或拉开的距离是否符合要求。

①手动操作拉不开时,应注意检查绝缘子及机构的动作,防止绝缘子断裂。

②电动操作拉不开时,应立即停止操作,检查电机及连杆。

(2)分合断路器(QF)。利用转换开关操作 QF 分、合闸时,手把要操作到位,手柄返回过早可能合不上闸,手柄在合闸位置停留时间过长,也有可能造成断路器的"跳跃"。操作完毕后要认真检查位置指示器、一次仪表显示,确保操作到位;还要检查二次直流电流表的显示,确认分闸、合闸线圈不会长期带电而烧毁。

(3)验电操作。验电时必须使用电压等级合适、试验合格的验电器;在停电设备的各侧以及需要短路接地的部位,分相进行验电;雨天室外验电时,必须使用特殊防水功能的验电器或绝缘杆。

(4)挂(拆)接地线。必须使用合格的接地线;挂接地线前必须验电,验明无电后,立即将停电设备接地。操作时,先装接地端,后挂导体端;所挂地线应与带电设备保持足够的安全距离;拆除接地线时,先拆导体端,后拆接地端。挂接地线时,操作人员必须戴绝缘手套,以免受感应电压的伤害。

单元4.2　典型倒闸操作票的填写

倒闸操作票是防止误操作(误拉,误合,带负荷拉、合隔离开关,带地线合闸等)的主要措施。为了保证城市轨道交通变电站的安全运行,有关人员必须正确填写、执行及保管倒闸操作票。

一、操作票的格式

操作票填写的主要内容有:编号、操作任务、操作顺序、发令人、受令人、操作人、监护人、下令时间、操作开始时间和终了时间等。

城市轨道交通变电站倒闸操作票的格式见表4-1。

二、操作票的要求及填写内容

一份操作票(一个操作任务)规定由一组人操作,即"一事一票"。分组操作时,要填写总的操作顺序的操作票,在值班长按总的操作顺序统一指挥下进行操作。

操作票应用钢笔或圆珠笔填写,票面应清楚整洁,不得涂改。操作人和监护人应根据模拟图板或接线图核对所填写的操作项目,并分别签字,特别重要和复杂的操作还应由班长审核。

同一变电站的操作票应事先连续编号,计算机生成的操作票应在正式出票前连续编号,操作票按编号顺序使用。作废的操作票,应加盖"作废"印章,已操作的操作票应加盖"已执行"印章。上述操作票应保存一年。

在倒闸操作过程中,为了节省时间,操作票力求简单,但以下内容必须写入操作票中:

(1)应断开、合上的开关与刀闸,并检查确认其位置。

操 作 票 格 式　　　　　　　　　　　　表 4-1

××变电站倒闸操作票

_____年_____月_____日 No._____

发令人：		下令时间：	时 分
		操作开始时间：	时 分
受令人：		终了时间：	时 分

现在运行方式：

操作任务：

√	操作顺序	操 作 项 目	√	操作顺序	操 作 项 目
	1				
	2				
	3				
	4				
	5				
	…				
	…				

注：(1)每执行完一步画(√)；(2)用钢笔或圆珠笔填写

(2)应拉出或推入的小车。需要检修开关时，电调下命令只将开关拉至试验位，所以操作票中只能填写将开关拉至试验位。若需将开关拉出柜外，可按自理处理，即自行拉出柜外，干完活后将其恢复至试验位。等待电调的送电命令。

(3)安装或取下一次、二次回路的熔断器和自动装置压板。断路器断开后还要将一次、二次回路的熔断器取下，将自动装置（自投、重合闸等）退出，投入运行时先将自动装置投入和安装熔断器。

(4)投入或退出保护装置。

(5)停、送交(直)流操作电源：设备计表检修或清扫时需要停操作电源，设备计表传动则不能停操作电源。

(6)装、拆接地线：挂接地线有两种，一种是电调下达的命令，一种是自理。电调下达的命令一般是在与相邻站有联系的地方，本站内的接地线都按自理处理。

城市轨道交通变电站中大多数开关设备的接地刀都必须有交、直流操作电源才能进行操作，检修这种设备时，必须先合接地刀才能断开交、直流操作电源。送电时必须先送操作电源，再合接地刀。若倒闸操作中没有接地刀，可先停操作电源，再挂接地线。所以，对先挂地线还是先停操作电源,不作明确规定。

在变压器两侧挂地线时,需要先将变压器柜门电磁锁打开后,停操作电源,最后挂地线。

例如,10kV Ⅰ段母线设备检修,电调下达的命令是在可能来电的方向245下口、201电源侧、214电缆侧、1#牵变二次、2#牵变二次、动变二次挂接地线。

但在有关安全规程中规定,接地线应在可视范围内,在可能来电的方向都要挂接地线,在检修变压器时,可能看不见10kV侧接地线。所以,为进一步安全,在变压器一次侧加挂一组接地线或和接地刀。

操作票中不用写断开二次PT空开,若要检修PT本体,按自理处理,将PT拉出柜外,并断开二次PT空开。

三、操作票的技术术语

城市轨道交通变电运行要"讲术语、说行话",不同地区、不同线路,操作票术语或操作习惯不一定完全相同,但大原则是一致的。

1. 停电术语

(1)断开断路器写为:停×××开关,查确已断开。
(2)断开隔离开关写为:停×××刀闸,查确已断开。
(3)断开操作电源写为:停×××交流操作电源,查确已断开。
(4)停×××直流操作电源,查确已断开。
(5)拉出小车写为:将×××小车拉至试验位(或柜外)。
(6)合接地刀写为:查×××带电显示器三相灯灭。
(7)合上×××—×接地刀,查确已合好。
(8)挂接地线写为:在×××(设备)×侧验电、放电确无电压。
(9)在×××(设备)×侧挂×#接地线。

2. 送电术语

(1)合上断路器写为:合×××开关,查确已合好。
(2)合上刀闸写为:合×××刀闸,查确已合好。
(3)合上操作电源写为:合×××交流操作电源,查确已合好。
(4)合×××直流操作电源,查确已合好。
(5)推入小车写为:将×××小车推入工作位。
(6)断开接地刀写为:拉开×××接地刀,查确已断开。
(7)拆除接地线写为:拆除×××接地线,查确已拆除。

3. 牵引变压器二次验电、放电、挂接地线

牵引变压器二次验电、放电、挂接地线可分两步写,也可写成四步。
(1)分成两步的写法:
①在1#牵变二次侧验电确无电压。
②在1#牵变二次侧挂4#、5#接地线。

(2)分成四步的写法:
①在1#牵变二次侧星接处验电确无电压。
②在1#牵变二次侧星接处挂4#接地线。
③在1#牵变二次侧角接处验电确无电压。
④在1#牵变二次侧角接处挂5#接地线。

另外,写操作票时一定要分清电源侧和负荷侧的关系,例:10kV是城市轨道交通3个系统10kV、750V、400V的电源侧;201开关是10kV系统的电源侧;10kV母线是变压器的电源侧;牵引变压器是750V系统的电源侧,同时也是10kV母线的负荷侧等。

四、操作票举例

对于同一个操作任务来说,操作票的写法及操作顺序并不是唯一的,要考虑实际设备的空间位置、联锁关系以及各个变电站的具体要求,在不违反倒闸操作的基本原则的前提下,力求操作便捷、安全可靠性高。

下面,以某变电站(见图4-1)动力变压器由运行转检修,检修完毕后,再由检修转运行的倒闸操作票举例如下(见表4-2,表4-3)。

倒闸操作票实例1　　　　　　　　　　　　　　　　表4-2

倒闸操作票

_____年_____月_____日 No._____

发令人:		下令时间:	时	分
		操作开始时间:	时	分
受令人:		终了时间:	时	分

现在运行方式:10kV系统、750V系统、400V系统正常运行
操作任务:牵引站1#动变由运行状态转为检修状态(要求:380V4#母线、5#母线带电运行)

√	操作顺序	操作项目	√	操作顺序	操作项目
	1	停401开关查确已断开		6	停231开关查确已断开
	2	查380V 4#母线电压指示为零		7	将231开关小车拉至试验位
	3	合445开关查确已合好		8	停1#动变温控箱电源查确已断开
	4	查380V 4#母线电压指示正常		9	在1#动变一次侧验电放电挂地线一组
	5	将401开关小车拉至试验位		10	在1#动变二次侧验电放电挂地线一组

注:(1)每执行完一步画(√);(2)用钢笔或圆珠笔填写

单元4 倒闸作业

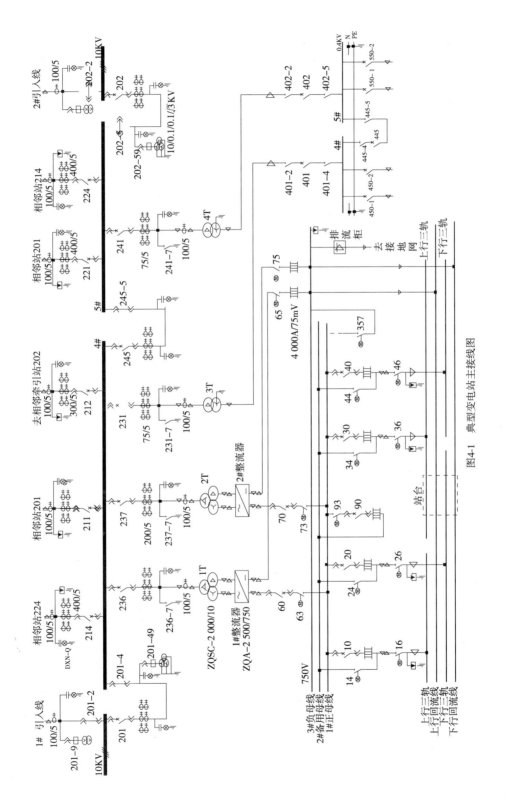

图4-1 典型变电站主接线图

倒闸操作票实例2 表 4-3

倒 闸 操 作 票

_____年_____月_____日 No._____

现在运行方式:10kV系统正常运行、750V系统正常运行、380V系统由2#动变带全站负荷运行,1#动变停电检修工作结束,临时接地线尚未拆除

操作任务:牵引站1#动变由检修状态转为运行状态

√	操作顺序	操作项目	√	操作顺序	操作项目
	1	拆除1#动变一次侧地线一组查确已拆除		7	将401开关小车推入工作位
	2	拆除1#动变二次侧地线一组查确已拆除		8	停445开关查确已断开
	3	送1#动变工作电源查确已合好		9	查380V 4#母线电压指示为零
	4	将231开关小车推入工作位		10	合401开关查确已合好
	5	合231开关查确已合好		11	查380V 4#母线电压指示正常
	6	确认1#动变运行声音正常			

操作人: 监护人:

注:(1)每执行完一步画(√);(2)用钢笔或圆珠笔填写

单元4.3 倒闸作业的技术要求及步骤

一、倒闸操作的技术要求

倒闸操作必须由两人进行,并执行"呼唤应答,手比眼看"的行业作业规定。其中一人唱票、指示操作位置、监护,另一人复诵、回示操作位置、操作。操作人员穿着长袖工作服及长裤,与带电导体应保持足够的安全距离。雨天操作室外高压设备时,使用的绝缘杆应带有防雨罩。雷雨时,应停止室外的倒闸操作。

用绝缘杆拉、合高压隔离开关及跌落式熔断器或经传动机构拉、合高压断路器和高压隔离开关、高压负荷开关时,应戴绝缘手套,操作室外设备时还应穿绝缘靴。带电装卸高压熔丝管时,应使用绝缘夹钳或绝缘杆,带防护眼镜,并应站在绝缘垫上或戴绝缘手套。

执行一个倒闸操作任务时,中途严禁换人,在执行倒闸操作中严禁做与操作无关的事;在操作过程中监护人要自始至终认真监护,没有监护人的命令,操作人不得随意操作。操作中发生疑问时,应立即停止操作并向值班调度员报告,弄清问题后,再进行操作。不准擅自更改操作票,不准随意解除闭锁装置。电力设备停电后,即使是事故停电,在未得到调度同意拉开有关刀闸和做好安全措施以前,不得触及设备或进入围栏,以防突然来电。

无合环协议的单位严禁并路倒闸,倒闸时应先停常用电源,后送备用电源。

拉合断路器的单一操作可以不填写倒闸操作票,在发生人身触电事故和火灾时,可以不经

许可,断开有关设备的电源,但事后必须立即报告电调和上级有关部门。

二、倒闸操作的步骤

1. 操作前的准备

(1)倒闸操作前5min值班员要停止一切工作,准备好倒闸操作票、电调命令临时记录本和笔,无关人员要退出值班室。

(2)对于有计划地倒闸操作,主值和副值要在接班后认真研究操作任务、操作目的,遇有疑问事先和电调沟通,进行复杂的、风险大的倒闸操作时,班长或安全员要到现场把关。

(3)根据操作任务和停电范围进行人员分工,值班员要事先查看各个设备的操作点,对于平时很少操作的压板、挑帘小车、接地手车等,要预习操作方法。值班员要研究受操作影响的范围,操作中可能产生的非正常情况及其应对办法。重要用户需要事先通知。

(4)准备好各种操作用具,如地线、标示牌、遮拦、绝缘手套、各种操作手把、各种开关运输小车等。

2. 接受电调命令

(1)倒闸操作必须根据值班电调员的命令,受令人复诵无误后执行。发布命令应准确、清晰,使用正规操作术语和设备调度号,发令人使用电话发布命令前,应先和受令人互报姓名,即值班员接受调度命令时,要主动报出站名、姓名。电调也应主动报出自己的姓名,如果电调没有报姓名,值班员要主动询问,确定无误后方可接令。值班调度员发布命令的全过程(包括对方复诵命令)和听取命令的报告时,都要录音并做好记录。

(2)发令人和受令人通话时,均应使用专业用语,受令人边听边复诵,记录完毕后向调度复诵全部命令内容,确认无误后,记录下令时间和发令人姓名,然后按调度命令填写倒闸操作票。

(3)如果对调度命令存有疑问,应及时向发令人核对清楚,受令人不得自行修改命令,不得颠倒操作顺序。

(4)接受调度命令时,不得从事其他工作,且在主值班员接受、记录、复诵调度命令时,副值班员应在旁边监督、核对其记录的内容是否正确、全面,是否与调度命令相符,必要时提醒。

3. 填写操作票

(1)调度下达的操作命令应逐项分步填入操作票内。某项操作指令中包含若干个开关的操作,要分步、逐一填入操作票中。如调度下达的是整体命令,当值人员还应明确此命令的目的,并将命令具体化、分步填入操作票中,以确保此次操作全面、正确、无遗漏。

(2)倒闸操作票填写完毕,主值班员首先自查,再将此次倒闸操作的任务及操作票的填写内容向副值班员交代,以相互监督核对,防止出现差错。

(3)倒闸操作票要用蓝色(黑色)的钢笔(圆珠笔)填写,字迹要清晰、工整、不得涂改。倒闸操作票的时间、序号、姓名等各项目要填写齐全。

(4)操作任务的填写要与调度下令的内容和顺序一致,每张操作票只能填写一个操作任务。

4. 模拟操作

倒闸操作开始前,应先在模拟图板上进行核对性模拟预演,无误后,再进行实际设备操作。

(1)首先确认模拟屏各开关位置与现在的运行方式是否相符,核对设备的名称、编号,并检查断路器、隔离开关、自动开关的通、断位置,是否与工作票所写的相符,然后主值依操作票所写内容按顺序、分步下令,副值重复主值命令无误后进行模拟操作。

(2)全部模拟操作结束后,双方要核对模拟操作步骤无误,操作结果与任务相符,命令不存在错误,然后主、副值分别在倒闸操作票的监护人栏和操作人栏签名。

5. 实地操作

(1)作业人员规范着装,携带操作所需的工具、钥匙、安全用具到达设备现场。

(2)进入设备区时主值在前,副值在后,到达操作设备前站定后,主值与副值共同确认设备名称、编号和位置。

(3)操作中应认真执行监护复诵制,即主值根据操作票所列项目大声"唱票",同时用手指明具体的调度号和操作位置。在主值唱票指位后,副值要复诵命令,用手指向调度号和操作位置"回示",待主值确认无误后,副值方可操作。操作中每执行一项应严格执行"四对照",即照设备名称、编号、位置和拉合方向,由监护人确认无误后发出"对!执行"命令后,操作人方可操作,操作人不得擅自操作和做其他工作。

(4)按操作票填写的顺序逐项操作,每步操作完成,确认无误后,由监护人用红笔在操作票此步前的空格位置画"√",然后继续下一步操作。严禁操作完一起画"√",或提前画"√"。更不得有操作票不用,凭记忆进行操作。全部操作完毕后要对操作质量进行整体复查。

注意:实地操作前,要确认设备调度号、开关现在的分合位置,确认带电显示器的显示情况,操作后再次确认开关的分合位置和带电显示器的显示情况。开关的分合位置要从信号灯显示、开关本体的机械分合闸指示牌两方面确认。操作过程中要检查相应的电压表、电流表指示情况,认真观察、检查受电设备的运行及变化情况。

操作必须按操作票中的顺序依次进行,不得跳项、漏项,不得擅自更改操作顺序;在特殊情况(系统运行方式)改变,需要跳项时,必须有值班调度员的命令,得到值班负责人的批准,确认没有误操作的可能,方可进行操作。严禁穿插口头命令的操作项目。

6. 向电调回令

全部操作完成后,要对所有操作涉及的设备进行检查,确认无误后方可向电调回令。回复调度命令要使用专业术语,并将执行倒闸操作后的设备变更情况及所发的保护、告警等信号逐一汇报,得到调度认可后,向其索要终了时间,填入倒闸操作票。并在操作票最后一步的下方,盖"已执行"章。

综上所述,倒闸操作可概括为6个步骤,现场称为倒闸操作"把六关":操作准备关、接令关、操作票填写关、核对图板关、操作监护关、质量检查关。

三、倒闸操作安全注意事项

(1)停电时,遵循从负荷侧向电源侧的顺序原则:

①先停断路器后,停隔离开关,每操作一步都要确认已断开。
②多条支路并列可以任意排列顺序。
③直流750V(1 500V)例行停电,断路器小车不拉出,检修时再拉出小车。
④凡是拉开进线开关,都要查相应的母线确已无压(查电压表)。
⑤检修时在可能来电的方向挂接地线,挂标示牌。接地线尽可能挂在可视范围内。接地线操作顺序:先挂与外界有联系本站控制不了的电源设备,其他接地线自理。
⑥带电设备用红绳围好,危险点要用红幔布包好,并挂上标示牌。

(2)送电时,遵循从电源侧向负荷侧的顺序原则:
①检修完毕、送电前要拆除有关接地线,并确认接地线已拆除。
②送电时,先合隔离开关、后合断路器,每操作一步都要确认已合闸。
③凡是合上进线开关,都要查相应的母线电压是否正常(查电压表)。
④操作10、20、30、40时要注意:及时观察合闸后电流表有无负荷电流,此时因线路应无车辆通过,电流表可能有冲击电流,随后电流表指示回零,若此时电流过大,则说明线路有短路不能继续往下操作。
⑤给变压器送电时,一般要充电3min,听变压器声音是否正常,但不必写入操作票。

严格执行从电源侧逐级向负荷侧送电的原因在于,一方面如有故障,便于确定故障范围,及时作出判断和处理,以免故障蔓延扩大。另一方面,在多电源的情况下,先停负荷侧可以防止变压器反充电。若先停电源侧,遇有故障可能造成保护装置误动或拒动,延长故障切除时间,并可能扩大故障范围。

(3)用高压隔离开关和跌落开关拉、合电气设备时,应按照产品说明书和试验数据确定的操作范围进行操作。缺乏此资料时可参照下列规定:
①可以分、合电压互感器、避雷器。
②可以分、合母线充电电流和开关的旁路电流。
③10kV室外三极隔离开关、单极隔离开关和跌落式熔断器,可以分、合容量不大于500kVA及以下的空载变压器;可以分、合的空载架空线路不大于10km。
④10KV室内三极隔离开关,可以分、合容量不大于315kVA及以下的空载变压器;可以分、合的空载架空线路不大于5km。

(4)操作中,应注意防止通过电压互感器、所用变、微机UPS等电源二次侧反送电源至高压端。设备停电检修过程中,如需要做"遥控、当地"试验时,应通知操作人员将"遥控、当地"转换开关手把切至相应位置,试验完毕立即恢复。

思考与练习

1. 什么叫倒闸操作?为什么说倒闸操作是一项重要的常规工作?
2. 为什么要设置联锁?高压开关柜的"五防"指的是什么?
3. 操作票制度是如何规定的?哪些内容需要写入操作票?
4. 倒闸操作票中停、送电的常用技术术语有哪些?
5. 倒闸操作的顺序是如何规定的?为什么要遵循这样的顺序?

6. 一旦发生错拉、错合隔离开关有什么后果？应如何处理？

7. 操作票中涉及几个职业角色？如何配合与分工的？

8. 对照表4-2、表4-3，分析倒闸操作过程中，主电路的带电区域如何发生变化？

9. 试分别叙述倒闸操作过程中主值和副值的责任。

10. 以某城市轨道交通变电站1#牵变需要停电检修为例，分小组模拟演练倒闸操作的完整过程。

单元 5　检修作业的组织措施

 知识目标

了解电气设备检修作业的分类;掌握检修作业所用各种工作票的填写方法;了解组织措施中工作票签发人、工作领导人、工作负责人、值班员、监护人等职业角色的责任范围。

 能力目标

能规范填写各种工作票;能区分不同职业角色的岗位职责,并能配合专业技术人员进行检修作业;能熟练使用计算机进行文字处理。

 素质目标

在实训场所中进行各种职业角色的情景模拟,通过实际活动培养学生遵章守纪和安全操作的意识;能与同伴进行准确的技术术语沟通;有对同伴、用户和设备的责任意识;勤于观察和思考,理论联系实际地进行学习。

建议学时

12 学时。

电气设备的检修作业可分为3种:

(1)高压设备的停电作业——在停电的高压设备上进行的作业及在低压设备和二次回路上和照明回路、消防等设备上进行的需要高压设备停电的作业。可进一步分为全部停电工作和部分停电工作。

(2)高压设备不停电作业——当作业人员与高压设备的带电部分之间保持规定的安全距离和没有偶然触及导电部分的危险,许可在带电设备外壳和附近进行的工作。

(3)低压设备作业——分为在低压设备上进行的停电与不停电作业。

在高压设备上工作,必须遵守下列规定:

(1)填用工作票或有调度口头、电话命令。

(2)至少应有两人在一起工作。

(3)完成保证工作人员安全的组织措施和技术措施。

保证安全的组织措施包括:工作票制度、工作许可制度、工作监护制度、工作间断制度、工作转移和终结制度。

单元5.1　工作票制度

一、工作票的分类及适用范围

1. 工作票的分类

在电气设备上工作,应填用工作票或按命令执行,其方式有下列4种:
(1)填用变电第一种工作票和变电第一种工作许可票(见表5-1、表5-2)。

第一种工作票格式　　　　　　　　　　　　　　　　　　表5-1
变电第一种工作票

_____变电站　　　　　　　　　　　　　　　　变电站编号_____

| 签发编号_____ 工作单位:_____ 1.工作负责人_____ 工作票签发人_____ 2.工作班人员_____ _____ _____ 共____人 3.工作任务:(包括工作内容和具体工作地点) _____ _____ _____ 4.计划工作时间: 自20__年__月__日__时__分至20__年__月__日__时__分 停电部分示意图(带电用红线表示) | 5.安全措施 (1)应拉开开关和刀闸:包括填写前已拉开开关和刀闸(注明编号) _____ _____ _____ _____ (2)应断开的二次设备 _____ _____ _____ _____ (3)应挂地线位置、组数(注明确切地点) _____ _____ _____ 共____组 | (4)应设遮栏、标示牌 _____ _____ _____ 6.工作地点临近带电设备 _____ _____ _____ 7.其他措施:(注意事项) _____ _____ _____ 8.收到工作票时间20__年__月__日__时__分 收票值班员审核签字_____ 9.工作负责人变动: 原工作负责人_____离去,变更_____为工作负责人 变更时间__月__日__时__分 工作票签发人_____ 10.工作票延期:有效期延到____月____日____时____分 工作负责人签名_____工作许可人签名_____ 11.初次许可开始工作时间: 20____年____月____日____时____分 工作负责人签名_____ 工作许可人签名_____ |

(2)填用变电第二种工作票和第二种工作许可票(见表5-3、表5-4)。
(3)填用小组工作票(见表5-5)。

(4)调度口头或电话命令。

2.工作票的适用范围

(1)填用变电第一种工作票和变电第一种工作许可票的适用范围：

①在高压设备上工作需要全部停电或部分停电者。

②在高压室内的二次接线和照明等回路上工作,需要将高压设备停电或做安全措施者。

第一种工作许可票格式　　　　　　　　　　　　　　　　表 5-2

变电第一种工作许可票

_____变电站　　　　　　　　　　　　　　　　变电站编号_____

签发编号_____ 1.工作单位：_____ 工作班人员：共___组___人工作负责人_____ 2.工作任务：(工作地点及内容) _____ _____ _____ 3.计划工作时间： 自 20___年___月___日___时___分起 至 20___年___月___日___时___分止 4.安全措施及执行情况(执行后逐设备画√) (1)已拉开的开关、刀闸和保险 (2)应断开的二次设备	(3)已挂地线位置 共_____组 (4)应设遮栏、标示牌 5.工作地点临近带电设备 6.其他措施：(注意事项) (以上内容由填写人填写) 填写人_____ 审核人(许可人)_____	7.___时___分电调员_____下施工令_____ 8.初次许可开始工作时间 20___年___月___日___时___分 工作负责人签名_____工作许可人签名_____ 9.开工、收工时间(开工前双方检查安全措施无误,收工前清理现场) 开工 ___日___时___分工作负责人_____工作许可人_____ 收工 开工 ___日___时___分工作负责人_____工作许可人_____ 收工 开工 ___日___时___分工作负责人_____工作许可人_____ 收工 _____ 10.工作负责人变动： 原工作负责人_____离去,变更为工作负责人_____ 工作许可人签名_____ 11.修试结果 12.工作终结：工作人员撤出、现场清理完毕 20___年___月___日___时___分 工作负责人签名_____工作许可人签名_____ 13.拆除地线、结束许可票 ___日___时___分 地线___组已拆除　　地线___组未拆除 工作许可人(主值)签名_____ 值班员(副值)签名_____

第二种工作票格式 表 5-3
变电第二种工作票

_____变电站　　任务单号_____　　签发编号_____

1. 工作负责人(监护人)_____　班组_____ 工作班成员 _____ _____ _____ _____ _____共_____人 2. 工作任务 _____ _____ _____ _____ _____ 3. 计划工作时间 自 20____年____月____日____时____分至 20____年____月____日____时____分 4. 工作条件:(停电或不停电)_____ 5. 注意事项:(安全措施) _____ _____ _____ _____ _____ _____ _____ _____ _____ _____ _____ _____ _____ _____ _____ _____ _____ 许可开始工作时间:____年____月____日____时____分 工作负责人签名:_____　工作许可人签名:_____ 工作票签发人签名:_____　20____年____月____日

第二种工作许可票格式

表 5-4

变电第二种工作许可票

_____变电站　　　　签发编号_____

1. 工作负责人(监护人)_____ 班组_____ 工作票签发编号_____
   工作班成员_____ 共____人
2. 工作任务
   _____
   _____
   _____
   _____
   _____

3. 计划工作时间
   自 20____年____月____日____时____分至 20____年____月____日____时____分
4. 工作条件:(停电或不停电)_____
5. 注意事项:(安全措施)
   _____
   _____
   _____
   _____
   _____
   _____
   _____
   _____
   _____

6. 许可工作时间:20____年____月____日____时____分
   工作负责人:_____　工作许可人:_____　填写人:_____
7. 多日工作,每日开工、收工时间

开工时间 日/时/分	工作负责人 签字	工作许可人 签字	收工时间 日/时/分	工作负责人 签字	工作许可人 签字
/ /			/ /		
/ /			/ /		
/ /			/ /		
/ /			/ /		
/ /			/ /		
/ /			/ /		
/ /			/ /		

8. 工作结束时间:20____年____月____日____时____分　工作负责人_____ 工作许可人_____
9. 修试结果(任务完成情况)

小组工作票格式　　　　　　　　　　　　　　　　　表 5-5

小 组 工 作 票

_____小组

1. 工作时间:20____年____月____日____时____分至____时____分 停电时间:　　　　　　　　　　____时____分至____时____分
2. 工作负责人 　　工作人员
3. 工作内容及要求
4. 安全措施
5. 填写人

（2）填用变电第二种工作票和变电第二种工作许可票的适用范围：

①带电作业和在带电设备外壳上的工作。

②在控制盘、保护盘、低压配电盘、配电箱、直流屏、电源干线上的工作。

③在二次接线回路上工作，无需将高压设备停电者。

④非当值值班人员用绝缘棒和电压互感器核相。

（3）填用小组工作票的适用范围：当值值班人员应进行简单的清扫维护工作。

（4）口头或电话命令的适用范围：特殊情况时可用口头或电话命令。口头或电话命令必须清楚正确。值班人员应将接令时间、发令人、接令人、负责人及工作任务详细记入运行日志中,并向发令人复诵核对一遍。

二、工作票所列人员的基本条件及安全职责

1. 工作票签发人

(1)基本条件:熟悉作业人员的技术水平、熟悉设备、熟悉相关规程,并具有相关工作经验的生产领导人、技术人员或经本单位主管生产领导批准的人员。

(2)安全责任:

①工作是否必要。

②工作是否安全。

③工作票上所填安全措施是否正确、完备。

④所派工作负责人和工作班人员是否适当和足够,精神状态是否良好。

2. 工作负责人(监护人)

(1)基本条件:具有相关工作经验,熟悉设备情况、熟悉工作班人员工作能力和相关规程,经本单位生产领导书面批准的人员。

(2)安全责任:

①能正确、安全地组织工作。

②结合实际进行安全教育,对工作班成员进行危险点告知,交代安全技术措施。

③督促、监护工作人员遵守本规程。

④负责工作票所载安全措施的正确完备,值班员所做的安全措施是否与工作票相符合。

⑤工作班人员精神状态是否良好,变动是否合适。

3. 工作许可人

(1)基本条件:经本单位主管生产领导批准的,有一定工作经验的运行人员或经批准的检修单位的操作人员,负责工作任务的操作及做安全措施。

(2)安全责任:

①审查工作票所列安全措施是否正确、完备,是否符合现场条件。

②工作现场布置的安全措施是否完善,并向工作负责人说明。

③负责检查停电设备有无突然来电的危险。

④对工作票中所列内容有疑问时,向工作票签发人或工作负责人询问清楚,必要时应要求补充完善。

⑤负责审查检修工期是否与批准计划期限相符。

4. 工作班成员

(1)基本条件:熟悉相关规程,持有高压作业的有效证书。

(2)安全责任:明确工作任务、允许作业范围以及安全措施的设置情况。按章作业,服从工作指挥,安全操作,并监督本规程和现场安全措施的实施。

三、工作票的填写与签发的规定

工作票是在变电所内进行作业的书面依据,填写工作票应对照主接线图或模拟图板,与现

场设备的名称和编号相符合，并使用调度统一命名编号的双重编号。具体要求如下：

（1）工作票要用钢笔或圆珠笔填写，应正确、清楚，不得任意涂改，工作票由值班人员收执，按值移交；许可票必须保存在工作地点，由工作负责人收执；值班人员应将工作票、许可票的号码、工作任务、许可工作时间及收工时间、工作完成情况、地线使用情况逐一记入运行日志中。

（2）在无人值班的设备上工作时，工作票由工作许可人收执。

（3）一个工作负责人只能发给一张工作票，工作票上所列的工作地点，以一个电气连接部分为限。

开工前，工作票内的安全措施应一次做完。

建筑工、油漆工等非电气工作人员进行工作时应填用变电第二种工作票，工作票发给监护人。

（4）在几个电气连接部分上依次进行不停电同一类型的工作，可以发给一张第二种工作票。

（5）若一个电气连接部分或一个配电装置全部停电，则所有不同地点的工作，可以发给一张工作票，但要详细填明主要工作内容。几个班同时进行工作时，工作票应发给一个总的负责人，在工作班成员栏内只填明各班的负责人及人数。

若至预定时间，一部分工作尚未完成，仍需继续工作而不妨碍送电者，在送电前，应按照送电后现场设备带电情况，办理新的工作票，布置好安全措施后方可继续工作。

（6）一个作业组的工作领导人同时只能接受一张工作票。一张工作票只能发给一个作业组。

（7）在同一张工作票中，工作票签发人、工作负责人和工作许可人三者不得互相兼任，即工作票签发人不得兼任该项工作的工作负责人；工作负责人可以填写工作票；工作许可人不得签发工作票，并不得担任本项工作的负责人。

（8）第一种工作票应在计划工作前24小时送达变电站，特殊情况下可在工作开始以前直接交给值班人员。变电值班负责人接到工作票后应即刻审核：工作票的工作内容、停电范围和所列安全措施是否正确、完备，如有疑问及时提出，值班人员认为应增加的安全措施可填写在其他安全措施栏内。确认无误后，在工作票上填写收到工作票的时间并签名。

第二种工作票和小组工作票应在进行工作的当天预先交给值班员。

（9）值班人员在做安全措施前，应根据工作票内容填写变电工作许可票，由值班负责人审核后签名，并根据许可票执行安全措施。

（10）第一、二种工作票的有效时间以批准的检修期为限。第一、二种工作票到预定时间，工作不能完成的，应由工作负责人向运行值班负责人提出申请，由运行值班负责人通知工作许可人给予办理。只能延期一次。

（11）工作票中规定的作业组成员，一般不应予以更换，若必须更换时，须经工作负责人同意，在对新工作人员进行安全交底手续后，方可进行工作。需要变更工作负责人时，应由工作票签发人将变动情况记录在工作票上，工作负责人只允许变更一次。若须变更或增设安全措施者，必须填用新的工作票，并重新履行工作许可手续。

（12）小组工作票仅适用于当值人员进行简单维护清扫工作。小组工作票由副值填写，主值任工作负责人。

（13）工作票污损影响继续使用时，应将工作票重新填写。

（14）事故抢修，情况紧急时可不开工作票，但应向电调报告事故概况，听从电调的指挥，在作业前必须按规定做好安全措施，指定专人负责监护，并将作业时间、地点、内容及批准人的姓名记入值班日志。

单元5.2 工作许可制度

工作许可制度是工作许可人审查工作票中所列各项安全措施后决定是否许可工作的制度。工作许可人应由当值值班人员担任，且不得签发工作票。只有当工作许可人根据工作票的内容完成设备停电安全技术措施，向工作负责人发出工作许可命令后，工作负责人方可开始工作。在检修工作中，工作间断、工作转移以及工作终结，都必须得到工作许可人的许可，这些组织程序规定被称为工作许可制度。

执行工作许可制度的目的，是为了在完成安全措施以后，进一步加强工作责任感，确保安全所采取的一种"把关"措施，是保障工作顺利进行的有效手段。因此，必须在完成各项安全措施之后再履行工作许可手续。

工作许可制度要求工作许可人会同工作负责人：

（1）到现场再次根据工作许可票检查所做的安全措施，对停电检修的设备进行验电，证明检修设备确无电压，并以手指背面触试已停电的设备，以直观表达设备确实无电。

（2）向工作负责人指明准许作业范围、带电设备的位置，说明注意事项。

（3）对核查后的安全措施，应逐项在许可票上画红色"√"。

（4）和工作负责人在工作票和工作许可票上分别签名，发放工作票。

工作许可人主持完成上述许可手续后，工作人员方可开始工作。每次开工前，工作领导人要在作业地点向作业组全体成员宣读工作票，布置安全措施。

特别强调：

（1）工作负责人、工作许可人任何一方不得擅自变更安全措施，值班人员不得变更有关检修设备的运行接线方式。工作中如有特殊情况需要变更时，应事先取得双方的同意。

（2）当停电作业时，在消除命令之前，禁止向停电的设备上送电，在紧急情况下必须送电时，要按下列规定办理：

①通知工作领导人，说明原因，暂时结束作业，收回工作票。

②拆除临时防护栅，接地线和标示牌，恢复常设防护栅和标示牌。

③属于电调管辖的设备，由电调发布送电命令，其他设备由该设备管理部门批准送电。

④工作许可人将送电的原因、范围、时间和批准人、联系人姓名等记入值班日志中。

（3）停电作业的设备，在结束作业前需要试加工作电压时，要按下列规定办理：

①确认作业地点的人员、材料、部件、机具等均已撤至安全地带。

②由工作许可人将该停电范围内所有工作票均收回，拆除妨碍送电的临时防护栅，接地线和标示牌。

③工作领导人与工作许可人共同对有关部分进行全面检查,确认可以送电,由工作许可人进行试加工作电压试验。

④试加工作电压完毕后,如仍需继续作业,必须由工作许可人根据工作票的要求,重新做好安全措施,办理准许作业手续。

单元5.3 工作监护制度

工作监护制度是《相关规定》中保证安全的组织措施之一,主要是指检修中工作负责人带领工作人员到施工现场,布置好工作后,对全班人员不断进行安全监护,以防止工作人员误走(登)到带电设备上发生触电事故,高空坠落摔伤或被高空坠物砸伤事故,以及错误施工造成的人员和设备损失。在工作地点分散,有若干个工作小组同时进行工作,特别是在靠近有电部位及工作转移时更为重要。执行工作监护制度,可以及时制止和纠正工作人员的不安全动作、错误做法。同时,工作负责人到位监护能够对工作人员的操作技巧予以必要的指导和监督。为了保证工作人员在整个工作过程中的安全,《相关规程》规定,开始工作后,工作负责人必须始终在工作现场负责监护。工作监护制度的具体内容如下:

(1)完成工作许可手续后,工作负责人(监护人)应向工作班人员交代现场安全措施、带电部位和其他注意事项。工作负责人(监护人)必须始终在工作现场,对工作班人员的安全认真监护,及时纠正违反安全的动作。

(2)所有工作人员(包括工作负责人)不允许在高压室内和室外高压设备区内单独停留作业。

(3)部分停电作业时,监护人应时刻注意工作人员的活动范围,使其与带电设备保持规定的安全距离;带电或部分停电作业时,除应监护工作人员的工作范围外,还应注意工作人员是否正确使用工具,工作位置是否安全以及操作方法是否正确等。

(4)工作负责人(监护人)在执行监护时,不得兼做其他工作。但在全部停电时,可以参加工作班工作。在部分停电时,只有在安全措施可靠、人员集中在一个工作地点,所有室内外带电部分,均可靠的安全遮栏,人员不致误碰导电部分的情况下,方能参加工作。

(5)当作业人员较多,或作业范围较广的情况下,工作负责人或工作票签发人,应根据现场的安全条件、施工范围、需要等具体情况增设专人监护和批准被监护的人数,设置的监护人员由工作领导人指定符合要求的作业组成员担当,专职负责监护人不得兼做其他工作。

(6)工作期间,工作负责人因事离开现场必须指定临时监护人,要将有关事项交代清楚,并告知工作班人员;返回时,也应履行同样的交接手续;工作负责人需长时间离开,应由原工作票签发人变更新的工作负责人,两个工作负责人应做好必要的交接。

(7)变电站值班员(工作许可人)如发现工作人员违反安全规程或任何危及人身、行车、设备安全的紧急情况时,应向工作负责人提出改正意见,必要时可暂时停止工作,收回工作票,令其撤出作业地点,并立即报告上级。

(8)分室作业时,要增加监护人,邻近带电部分作业要设专职监护人,分室作业监护人在执行监护时,不应兼做其他工作。

特别强调：

监护人在工作中的监护作用非常重要，因此作为监护人必须具有较强的安全责任意识，应熟悉现场的情况，有较高的技术水平和较多的现场工作经验。其安全技术等级应高于操作人。

本次工作票中的工作领导人、工作负责人可以兼任分组的监护工作。但工作许可人是变电所的值班员，不可以担任监护人。

单元5.4　工作间断、转移和终结制度

一、工作间断制度

工作间断制度是指因作业人员需要工休或天气变化等临时原因，需要停工，过一段时间或次日再进行工作，即工作未完成但需要间断时所规定的一些制度。具体内容如下：

(1) 作业中需暂时中断工作离开作业地点时，工作领导人应负责将人员撤至安全地带，材料、零部件和机具要放置牢靠，并与带电部分保持规定的安全距离。高压室的钥匙以及工作票要交给变电所值班人员（工作许可人）。在作业中断期间，未征得工作领导人同意，作业班成员不得擅自进入作业地点。

(2) 当重新开始继续工作时，工作领导人要征得变电所值班人员（工作许可人）的同意，取回钥匙和工作票，重新检查安全措施符合工作票要求后方可开工。

(3) 每次间断后开始工作时，均由工作领导人和变电所值班人员（工作许可人）签名并注明时间。每日开工和收工除按上述规定执行外，开工时工作领导人还要向作业组成员宣读工作票，布置好安全措施后方可开始工作，收工时还应清理作业场地，开放封闭的通道，并将工作许可票交值班人员收存。

(4) 在工作间断期间，若有紧急需要合闸送电时，应先通知工作负责人将工作人员撤离现场，收回工作许可票。然后报告电调，征得电调同意后，采取下列措施：

①拆除临时遮栏、接地线和标示牌，恢复常设遮栏；换挂"止步，高压危险！"的标示牌。

②锁好施工的开关柜门。

二、工作转移制度

已经完成某一个地点或某一台设备上的工作，需要转移工作地点时，应该重新检查安全技术措施有无变动或重新履行工作许可手续，为此制定的一些规定，称为工作转移制度。

(1) 在同一电气连接部分用同一工作票依次在几个工作地点转移工作时，全部安全措施由值班人员在开工前一次做完，不需再办理转移手续，但工作负责人在转移工作地点时，应向工作人员交代带电范围、安全措施和注意事项。

(2) 在同一电气连接部分用同一工作票依次在几个工作地点转移工作时，全部安全措施由变电所值班人员（工作许可人）在开工前一次做完，工作领导人在转移工作时，应向作业组成员布置安全措施和注意事项，但不需办理转移手续。

(3) 如工作涉及分割的两个以上的电气连接部门时，在做好相应安全措施的同时，必须办理转移手续。

三、工作终结制度

工作终结制度是指检修工作完毕,工作负责人检查督促全体工作人员撤离现场,确认无工具材料遗留在检修设备上,且检修人员所采取的临时安全技术措施,如接地线已自行拆除后,这时工作才算结束,这种制度称为工作终结制度。具体内容如下:

(1)当检修作业全部完成时,由作业组负责清理作业地点,工作领导人会同工作许可人检查作业中涉及的所有设备,交代所修项目,发现的问题和缺陷,处理的结果,工作领导人在工作票中填写结束时间并签字。然后工作许可人按下列程序结束作业:

①拆除临时接地线,点清其数量,按号放回原位。
②拆除临时防护栅和标示牌,恢复常设的防护栅和标志。
③必要时测试设备试验合格。

(2)在同一停电系统的所有工作结束后,并且已拆除所有接地线、撤出临时遮栏和标示牌、恢复常设遮栏后,工作负责人应与工作许可人共同检查设备状况,检查有无遗留工具及物件等,然后在工作许可票上填明工作终结时间,经双方签字后,工作许可票方告终结。

(3)工作许可票结束后,变电所值班人员(工作许可人)须立即汇报电调,向电调消令。并向电调讲清工作结束情况,申请送电。只有当得到值班电调的命令后,方可合闸送电。

(4)已经结束的工作票和工作许可票,在变电站保存一年。

特别强调:

认真履行工作终结手续,可以防止向尚在工作的设备错误地合闸送电和带接地合闸等恶性事故的发生。工作结束后,工作领导人在工作票中填写结束时间并签字,对于填用第一种工作票的工作来说,只表明了工作结束,而只有在拆除工作地点全部接地线、拉开全部接地开关(属调度管辖的应得到调度命令)并经值班负责人签名后,工作许可票方告终结。

思考与练习

1. 电气设备的检修作业分为哪3种?分别对应哪种工作票?
2. 工作票签发人、工作负责人、工作许可人的任职条件是什么?如何进行职责分工的?
3. 工作票的填写与签发有何规定?工作许可票与工作票的关系?
4. 填写第一种工作票的要求是什么?
5. 什么叫工作许可制度?角色模拟执行工作许可制度的过程。
6. 什么叫工作间断制度?角色模拟执行工作间断制度的过程。
7. 什么叫工作转移制度?角色模拟执行工作转移制度的过程。
8. 什么叫工作终结制度?角色模拟执行工作终结制度的过程。

单元 6　检修作业的技术措施与安全用具

知识目标

了解电气设备检修作业的停电范围、临时停电检修和应急停电检修的规定；掌握停电检修作业的整个工作流程；掌握典型作业的工作流程；掌握各种安全工具的使用和保管注意事项。

能力目标

能规范填写各种工作票；能够正确地使用各种安全用具；能够根据工作票的要求设置高压设备停电检修的安全技术措施；能够根据规程的规定正确地执行开工、收工等工作程序。

素质目标

培养学生勤于观察和思考、自主学习的习惯；培养学生良好的遵章守纪和安全操作意识；培养学生对人员和设备的责任意识；在倒闸操作实训过程中，能与合作人进行准确的技术沟通。

建议学时

16 学时。

在城市轨道交通供电系统中，为保证供电系统、设备及人身安全，整个检修作业过程应严格遵照工作票、操作票的要求进行，采取保证安全的技术措施。在全部停电或部分停电的电气设备上检修作业必须完成下列技术措施：
(1) 停电。
(2) 验电。
(3) 放电及装设接地线。
(4) 悬挂标示牌和装设遮栏。

上述措施由值班人员执行，对于无经常值班人员的电气设备，由断开电源人执行，并应有监护人在场。

单元6.1　关于停电的规定

一、停电范围

(1)检修的设备。

(2)当进行停电作业时,设备的带电部分距作业人员小于表6-1规定者须停电。

作业人员与带电设备的安全距离　　　　表6-1

电压等级(kV)	安全距离(m)	
	无防护栅	有防护栅
66、110	1.50	1.00
20、35	1.0	0.60
≤10	0.70	0.35

(3)在二次回路上进行作业,需要一次设备停电或影响其安全运行者,其有关的设备均须停电。

二、停电作业命令的办理

对变电站有权停电的设备,值班人员(工作许可人)可按规定自行停电、办理准许作业手续。对变电站无权自行停电的设备要按下列要求办理:

(1)属电调管辖的设备,作业前由变电站值班人员(工作许可人)申请停电。电调审查无误后发布停电倒闸命令。

(2)电调发布停电倒闸命令后,再发布停电作业命令。电调在发布停电作业命令时,受令人认真复诵,经确认无误后,方可给命令编号和批准时间。发令人和受令人同时填写"作业命令记录",并由变电站值班人员(工作许可人)将命令编号和批准时间填入工作票中。

(3)对不属于电调管辖的设备停电时,按有关规定办理手续。

(4)在同一个停电范围内有几个作业组同时作业时,对每一个作业组,变电站值班人员(工作许可人)必须分别办理停电申请。

三、停电检修计划的编制

(1)停电检修计划编制应考虑城市轨道交通供电系统的安全性、可靠性,采用综合停电检修计划,减少重复和不必要的停电次数,同时电调应做好统一编制、合理安排,采用综合停电检修计划。

(2)停电检修计划一般应安排在非运营时间内进行,若需在运营时间内进行,由申请单位以书面方式向公司主管领导、设备部、总调度室审批,电调才能编制和实施。

(3)停电检修计划实施过程中改变正常运行方式时,应制订相应的应急预案。

四、停电检修计划的申报及批准

1. 停电检修计划申报原则

(1)电调范围内的供电系统设备、配电线路进行计划检修和故障检修时,应申报停电检修计划。城市轨道交通供电系统运行的设备需进行清扫、预试、保护校验、检修等工作或因工作需要系统运行设备停电时应报停电计划。

(2)若设备检修涉及城市轨道交通各专业设备公司所属设备的检修,需停电调范围内的设备时,应通过相关分公司生产调度以书面形式向调度所申报停电检修计划。

(3)若停电检修计划涉及其他城市轨道交通线路调度范围内的停电设备时,供电公司向其相关调度报送停电检修计划申请,相关调度对其计划进行协调。

(4)若设备停电检修计划涉及城市电网引入电源停电时,由供电公司与区域电力公司调度所联系申请。在工作实施前当值电调与相关区域电力公司调度联系确认。

2. 停电检修计划的审批原则

(1)申报的停电检修计划,在报送前须经本单位主管领导的同意,申报的停电检修计划对系统运行方式有较大变更和对城市轨道交通运营安全产生影响时,在报送前申报单位须报公司主管领导、设备部、总调度室审批。电调依据审批件编制停电计划。

(2)电调计划调度员负责城市轨道交通供电系统停电检修计划的审批,电调计划调度员有调度计划的指定权、变更权。对停电检修计划手续不全、计划停电范围不清、措施不详细的可要求申请单位及时补充、纠正和变更。对审批不合格的申请计划,电调计划调度员有权取消该停电检修计划申请票。

(3)运营线上相邻两变电站不安排同一内容的停电检修计划。

(4)不安排危及城市轨道交通运营和供电系统安全运营的停电检修计划。

(5)重大节日和重要运输期间工作计划需经设备部和总调度室同意。

五、停电检修计划的执行

1. 已批准的停电检修计划的变更

已批准的停电检修计划,因故不能进行时,申请单位应在开工前一天通知电调并说明原因,电调接到申请单位取消停止检修计划报告后,应及时通知有关单位。已批准的停电计划电调有权变更和取消,并及时通知有关单位,通知时应说明原因。

2. 停电检修计划工作票的签发

计划调度员审核完毕的检修计划由当值调度员根据停电检修计划和系统一次接线图签发工作票。签发工作票须经同值调度员审查,审查发现停电检修计划有错误时,应与计划申报单位调度联系修改,申报单位修改后以书面的形式呈报电调。

3. 停电检修计划操作命令票的签发

当值调度员对当值期间的停电检修计划和已签发的工作票应认真审核,无误后对照工作票拟定操作命令票。操作命令票需经同值调度员审核签字后方可命令执行。当值调度员签发的操作命令票仅能在当值期间使用。

4. 停电检修令的发布

(1)停电检修的设备,虽已得到计划的批准,但维修人员须在检修前得到调度发给的可以施工的命令,严禁不办理手续私自施工。

(2)电调应执行一张工作票(可含多项检修任务)只下发一个施工令的制度,期间不再另发施工令。

(3)配电线路检修应按停电检修计划申请指定变电站为主站,由主站变电巡检人员接受电调施工令。

5. 停电检修计划的执行

(1)任何停电检修计划在执行过程中(包括事故抢修),必须保证停电范围内有明显断开点。

(2)停电检修应在计划规定的时间内完成,若需延时,供电公司调度应在计划结束时间前30min报告当值调度员,并提出延时时间和原因,当值调度员应视系统运行和城市轨道交通运营状况酌情处理。若调度员不同意延时,应在规定时间内停止一切检修工作并做好停电设备恢复送电的准备。

(3)变电站及配电线路工作完毕后,由指定变电站巡检人员向当值调度员报告"工作完工,申请恢复送电"。当值调度员接到报告后,视为现场自挂地线已拆除、施工现场清理完毕、停电设备已恢复至施工令起始状态,可以恢复供电。

六、关于停电检修的相关规定

(1)所有带电传动的工作须设备部批准。

(2)工作期间不得变更停电范围。

(3)将检修设备停电,必须把各方面的电源完全断开(任何运用中的星形接线设备的中性点,必须视为带电设备),对多回线路,要注意防止其他方面突然来电的可能性。禁止在只经开关断开电源的设备上工作,必须拉开隔离开关,使各方面至少有一个明显的断开点。

(4)与停电设备有关的变压器和电压互感器,必须从高、低压两侧断开,防止向停电检修设备反送电。

(5)对难以做到与电源完全断开的检修设备,可以拆除设备与电源之间的电气连接。

(6)断开开关和电动隔离开关的操作电源,手动隔离开关操作把手必须锁住。断开遥控手把,挂标示牌,做好防止误合闸、反送电的措施。

(7)在10kV(35kV)的任何一段母线上工作时,必须将有关进线从电源电缆侧(即从上一级)停电,将联络线从另一端断开,将母联开关和隔离开关断开,并将小车开关拉出柜外。若母线上接有变压器和电压互感器时,还必须将其二次侧开关断开,防止设备反送电压。

(8)在750V(1 500V)直流开关柜内工作时,必须将机组开关全部断开,并将小车拉到柜

外,断开交直流操作电源及所有电动隔离开关的电机电源和直流互感器辅助箱电源。另外,还应根据条件采取下列措施:

①当邻站送电时,断开本站所有隧道柜隔离开关,在室内的750V(1 500V)馈出电缆头上装接地线,断开所有联跳压板。

②取下隧道柜内的三轨有压监视保险。

③取下750V(1 500V)电压测量回路保险(负母线与回流箱间无隔离开关者)。

七、临时停电检修的规定

(1)临时停电检修是指除停电检修计划以外的一切停电检修项目(不含应急停电)。电调视现场检修项目和系统计划停电情况给予批复。

(2)以下情况不作临时停电检修计划安排:

①超过7天(含7天)没能处理的设备缺陷。

②不直接影响行车及供电系统安全运行的设备故障和设备缺陷。

八、应急停电检修的规定

(1)应急处置设备停电检修不能影响行车的运行,若瞬时影响(除不可抗拒因素)应通知行调、报告总调及值班主任。

(2)应急处置设备停电检修不能扩大现有停电范围,需要扩大停电范围的以不影响行车运行,尽量缩小停电范围为前提,影响行车(除不可抗拒因素)应通知行调、报告总调及值班主任。

单元6.2 关于验电的规定

验电的目的是确认停电设备是否确无电压,以保证装设接地线人员的安全和防止带电装设接地线或带电合接地隔离开关等恶性事故的发生。

1. 电力设备验电操作步骤

(1)验电前检查:

①检查测试仪绝缘部件外观完好。

②检查测试仪是否擦拭干净。

③检查测试仪合格检定标签。

④检查测试仪电压等级是否合适。

⑤在有电设备上试验测试仪性能完好;对于高压验电器,应按下试验开关,根据发出的音响和灯光信号,验证测试仪指示器运行正常。

(2)验电:

①验电时,工作人员应按照要求穿戴合适的个人防护用品并正确使用测试仪。

②先验负荷侧,后验电源侧。

③在电力设备两侧各相分别验电。

(3)验电后检查:

①在有电设备上再次试验测试仪性能完好;如果以上步骤没有异常,这个电路或导体就可被证实为没有电。

②用干布擦拭验电器后,放置在专用工具柜或架上。

2.验电的规定

(1)作业组在接到停电作业命令后,须先验电接地,然后方可作业。

(2)高压设备验电时,必须两人进行作业,一人操作,一人监护。操作人必须穿绝缘靴,戴安全帽和绝缘手套,监护人需穿绝缘鞋、戴安全帽。验电器的伸缩式绝缘棒长度应拉足,验电时手应握在手柄处不得超过护环,人体应与验电设备保持表6-2中规定的距离。

设备不停电时的安全距离　　　　表6-2

电压等级 (kV)	安全距离 (m)	电压等级 (kV)	安全距离 (m)
10及以下(13.8)	0.70	750	7.20①
20、35	1.00	1 000	8.70
63(66)、110	1.50	±50及以下	1.50
220	3.00	±500	6.00
330	4.00	±660	8.40
500	5.00	±800	9.30

注:表中未列电压等级按高一档电压等级安全距离。

①750kV数据是按海拔2 000m校正的,其他等级数据按海拔1 000m校正。

(3)验电器在使用前要在有电设备上试验,证明其状态良好;无法在有电设备上进行试验时,可用工频高压发生器等确证验电器良好。声光验电器使用前应进行声光试验,使用后再次进行试验。

(4)验电时应使用相应电压等级、合格的接触式验电器,10kV及以上高压对被检验设备的所有引入、引出线均要检验。在装设接地线或合接地开关处对各相分别验电。

(5)表示断路器、隔离开关分闸的信号、常设的测量仪表显示无电时,不得作为设备无电压的依据,仍应通过验电器检验设备是否已停电。但如果指示有电或验明有电,则禁止在该设备上作业。

(6)对线路的验电应逐相进行,对联络用的断路器或隔离开关或其他检修设备验电时,应在其进出线两侧各相分别验电。

(7)对同杆塔架设的多层电力线路进行验电时,先验低压、后验高压。

(8)变压器验电时应先验高压侧,后验低压侧。

(9)在电容器组上验电,应待其放电完毕后再进行。

(10)验电器不应受邻近带电体的影响,以至发出错误的信号。

(11)验电时如果需要使用梯子,应使用绝缘材料的牢固梯子,并应采取必要的防滑措施,禁止使用金属材料梯。

(12)验电完毕后,应立即进行接地操作,验电后因故中断未及时进行接地,若需要继续操作必须重新验电。

(13)雷雨天气禁止验电操作。

单元6.3　关于放电和装设接地线的规定

为避免检修设备时突然误送电及设备本身产生的静电对检修人员造成危害,要在电气设备检修中挂接地线。另外,电气设备内部可能有充放功能的元件,应用接地线进行放电,可以防止发生检修人员触电事故。

(1)当验明设备确已无电压后,应立即将检修设备接地并三相短路。电缆及电容器接地前应逐相充分放电,星形接线电容器的中性点应接地,串联电容器及与整组电容器脱离的电容器应逐个放电,装在绝缘支架上的电容器外壳也应放电。

(2)当验明设备确认停电,则要及时装设接地线。装设或拆除接地线应由两人进行,当只有单人值班时,只允许使用接地开关接地。

(3)在装设接地线时,应先接接地端,后接导体端。拆接地线时顺序相反。装、拆接地线均应使用绝缘棒和戴绝缘手套。

(4)对于可能送电至停电作业设备上的有关部分及可能来电的各路进出线均要分别验电、装设接地线(合接地开关)。在停电作业的设备上如可能产生感应电压且危及人身安全时应增设接地线。所有装设的临时接地线与带电部分应保持规定的安全距离,并应装在作业人员可见到的地方。

(5)检修部分若分为几个在电气上不相连接的部分(如分段母线以隔离开关或断路器断开分成几段),则各段应分别验电接地。变电站全部停电时,应将可能来电侧的部分接地,其余部分不必每段都接地。

(6)接地线与检修部分之间不得连有开关或熔断器。

(7)室内配电装置的接地线应装在该装置导电部分画有标志的固定接地端子上,这些地点的油漆应刮去,并划有黑色标记。所有配电装置的适当地点,均应设有与接地网相连的接地端,接地电阻应合格。

(8)因平行或邻近带电设备导致检修设备可能产生感应电压时,应加装接地线或工作人员使用个人保安线,加装的接地线应登录在工作票上,个人保安线由工作人员自装自拆。

(9)对于GIS组合电器应合地开关,在变压器本体进行停电作业时,还必须在变压器本体的电源进出线端头上加挂地线。

(10)接地线应用多股软裸铜线,其截面应符合短路电流的要求。交流系统接地线要采用截面积不小于25mm^2的裸铜软绞线,直流系统接地线要采用截面积不小于90mm^2的裸铜软绞线。

(11)人体不得碰触接地线或未接地的导线,以防止触电。接地线在每次装设以前应经过详细检查,损坏的接地线应及时修理或更换,禁止使用其他导线作接地线或短路线。

(12)接地线应使用专用的线夹固定在导体上,禁止用缠绕的方法进行接地或短路,接地线不得有断股、散股和接头。

(13) 禁止工作人员擅自移动或拆除接地线。高压回路上的工作,需要拆除全部或一部分接地线后始能进行工作(如测量母线和电缆的绝缘电阻,测量线路参数,检查断路器触头是否同时接触),如：
① 拆除一相接地线。
② 拆除接地线,保留短路线。
③ 将接地线全部拆除或拉开接地开关。

上述工作应征得运行人员的许可(根据调度员指令下达的接地,应征得调度员的许可)方可进行。工作完毕后立即恢复。

(14) 在变电站不能控制的停电范围内的停电设备上挂设接地装置时,应在停电检修申请票中注明挂设位置,不允许变电巡检人员自行挂、拆。

(15) 地线挂设需在相关工作范围停电完毕后,进行统一地线的挂设,不得边停电边挂设。

(16) 停电检修工作结束后,清理现场,拆除地线。由工作负责人和工作许可人对相关设备进行复查,在安全区域清点人数,确认检修人员全部撤离后,由变电值班人员拆除接地线,拆除的接地线应立即挂回原处,并清点数量。

(17) 地线拆除需在相关工作范围工作完毕后,进行统一地线的拆除,不得边拆边送。

(18) 每组接地线均应编号,并存放在固定地点。存放位置亦应编号,接地线号码与存放位置号码应一致。

(19) 装、拆接地线,应做好记录,交接班时应交代清楚。

单元 6.4　关于悬挂标示牌和装设遮栏的规定

(1) 在一经合闸即可送电到工作地点的断路器和隔离开关的操作把手上均应悬挂"禁止合闸,有人工作"的标示牌。若线路上有人作业,要在有关断路器和隔离开关操作手柄上悬挂"禁止合闸,线路有人工作！"的标示牌。

(2) 在室内设备上作业时,应在工作地点两旁开关柜和禁止通过的过道上装设遮栏并悬挂"止步,高压危险！"的标示牌。

(3) 在检修的设备上和作业地点悬挂"在此工作！"的标示牌。

(4) 部分停电的工作,当作业人员可能触及带电部分时,要装设遮栏,在邻近可能误登的带电构架上应悬挂"禁止攀登,高压危险！"的标示牌。

(5) 在结束作业之前,任何人不得拆除或移动防护栅、接地线和标示牌。

(6) 对由于设备原因,接地开关与检修设备之间连有断路器,在接地开关和断路器合上后,在断路器操作把手上,应悬挂"禁止分闸！"的标示牌。

(7) 部分停电的作业,安全距离小于表 6-1 规定距离以内的未停电设备,应装设临时遮栏,临时遮栏与带电部分的距离,不得小于表 6-1 的规定数值。临时遮栏应用坚韧绝缘材料制成,装设应牢固,并悬挂"止步,高压危险！"的标示牌。

(8) 5kV 及以下设备的临时遮栏,如因工作特殊需要,可用绝缘隔板与带电部分直接接触。绝缘隔板绝缘性能应符合相应的要求。

(9) 高压开关柜内手车开关拉至"检修"位置后,隔离带电部位的挡板封闭后禁止开启,并设置"止步,高压危险!"的标示牌。

(10) 在室外高压设备上工作,应在工作地点四周装设围栏,其出入口要围至临近道路旁边,并设有"从此进出!"的标示牌。工作地点四周围栏上悬挂适当数量的"止步,高压危险!"的标示牌,标示牌应朝向围栏里面。若室外配电装置的大部分设备停电,只有个别地点保留有带电设备而其他设备无触及带电导体的可能时,可以在带电设备四周装设全封闭围栏,围栏上悬挂适当数量的"止步,高压危险!"的标示牌,标示牌应朝向围栏外面。

(11) 在室外构架上工作,则应在工作地点邻近带电部分的横梁上,悬挂"止步,高压危险!"的标示牌。在工作人员上、下铁架或梯子上,应悬挂"从此上下!"的标示牌。在邻近其他可能误登的带电架构上,应悬挂"禁止攀登,高压危险!"的标示牌。

(12) 禁止工作人员擅自移动或拆除遮栏(围栏)、标示牌。因工作原因必须短时移动或拆除遮栏(围栏)、标示牌,则应征得工作许可人同意,并在工作负责人的监护下进行。完毕后应立即恢复。供电系统标示牌式样详见表 6-3。

供电系统标示牌式样　　　　　　　　　　　　　　　　　　表 6-3

序号	名称	悬挂处所	式样		
			尺寸(mm)	颜色	字样
1	禁止合闸,有人工作!	一经合闸即可送电到施工设备的断路器和隔离开关操作把手上	200×100 和 80×50	白底	红字
2	禁止合闸,线路有人工作!	线路断路器和隔离开关把手上	200×100 和 80×50	红底	白字
3	禁止操作!	维护接地时的断路器和三工位隔离开关把手上	200×100 和 80×50	红底	白字
4	在此工作!	室外和室内工作地点或施工设备上	250×250	绿底,中有直径 210m 白圆圈	黑字,写于白圆圈中
5	止步,高压危险!	施工地点临近带电设备的遮栏上;室外工作地点的围栏上;禁止通行的过道上;高压试验地点;室外构架上;工作地点临近带电设备的横梁上	250×200	白底红边	黑字,有红色箭头
6	从此上下!	工作人员上下的铁架、梯子上	250×250	绿底,中有直径 210mm 白圆圈	黑字,写于白圆圈中

续上表

序号	名称	悬挂处所	式样		
			尺寸(mm)	颜色	字样
7	禁止攀登,高压危险!	工作人员上下的铁架临近可能上下的另外铁架上,运行中变压器的梯子上	250×200	白底红边	黑字
8	已接地!	看不到接地线的工作设备上	200×100	绿底	黑字

单元6.5 典型工作票、工作许可票的填写

变电第一种工作票见表5-1,变电第一种工作许可票见表5-2,变电第一种工作票和工作许可票的填写方法和注意事项如下。

1. 变电第一种工作票的填写

(1)变电第一种工作票中的右上角"变电站编号"栏应按顺序连续打印,不得中断,每一年新使用的工作票应从001号开始编号。"签发编号"应与实际签发日期对应按顺序填写。

(2)"工作负责人"和"工作票签发人"的填写参照单元5.1中的规定。

(3)"工作单位"的填写使用该工作票的班组名称。

(4)"工作班人员"栏填写工作班组全体工作人员姓名。多班组共用一张工作票时,此栏只填写各班组负责人姓名,但共计人数应包括使用本票工作的所有人员。

(5)"工作任务"栏要填写具体工作内容及具体工作地点,多处工作时,应逐项写清。

(6)"计划工作时间"应根据生产调度批准的工作时间填写。工作票中多处需要填写的时间,均应按照24小时制式。

(7)"停电部分示意图"应画出施工、检修设备等所需停电部分的单线系统图。带电部分用红色表示。停电部分用蓝色或黑色表示,设备调度(编)号及接地点(接地线)用蓝色或黑色表示。

(8)安全措施。

①应拉开开关和刀闸:只注明应拉开的开关和刀闸的调度号及填写前已拉开关和刀闸的调度号,不要求写设备名称及操作动作。开关小车拉试验位、柜外应填写;上一级开关位置的确认必须填写;联络开关对方开关位置的确认必须填写;10kV馈出开关对方开关位置的确认必须填写。

②应断开的二次设备:包括需要断开的交、直流操作电源,开关、刀闸、保险、保护压板等。

③应挂地线位置、组数:填写工作需要装设的所有地线的地点及合上的接地刀闸。地线的位置用"电源电缆侧"、"上口"、"下口"、"一次侧"、"二次侧"、"直流侧"等。验电、放电等措施不填写。地线组数为临时接地线和已合接地刀闸数之和。

④应设遮栏、标示牌:填写因工作需要所装设的临时遮栏、警示红布及所悬挂的各种标示牌,注明装设和悬挂的具体地点和设备号。

⑤工作地点临近带电设备:应将工作地点四面临近的带电部分全部填入,施工、检修设备的同

一电气连接部分断开后的带电部分亦应填入。填写时,不能写"除×××外,全部带电"的字样。

⑥其他措施:根据现场实际情况由值班人员填写补充的安全措施。

2. 变电第一种工作票填写注意事项

(1)适用变电第一种工作票范围内的工作,必须填写变电第一种工作票,不填写工作票不能工作。

(2)填写变电第一种工作票的工作负责人必须清楚检修作业的范围、任务、本站(检修站)的一次系统图等,不得任意涂改、遗漏工作票的内容。

(3)变电第一种工作票所画的单线系统图,要画出本次作业设备。

(4)上一级开关位置的确认必须填写。联络开关对方开关位置的确认必须填写。馈出开关(10kV)对方(邻站)开关位置的确认必须填写。

(5)安全措施的执行包括停电、验电、放电与装设接地线、悬挂标示牌和装设临时遮栏等。检修设备停电时,需把各方面的电源断开,各方面至少有一个明显的断开点。

(6)统一地线位置术语,用"电源电缆侧"、"上口"、"下口"、"一次侧"、"二次侧"、"直流侧"等。注意其中的"上口"、"下口"指的是实际开关设备上的"上口"、"下口",而不是一次系统图中开关图形符号所表示的"上口"、"下口"。

(7)地线组数为临时接地线和已合接地开关数之和。

3. 变电第一种工作许可票的填写

(1)变电第一种工作许可票中"变电站编号"的填写同变电第一种工作票。

(2)许可票上的"签发编号"栏与工作票中的左上角"签发编号"栏相同。

(3)"工作单位"填写使用该工作许可票的班组名称。

(4)"工作班人员"、"工作任务"、"计划工作时间"的填写同变电第一种工作票。

(5)安全措施及执行情况(执行后逐个设备画"√"):

①已拉开的开关、刀闸和保险:填写时应逐项核实现场执行情况。

②应断开的二次设备:由当值人员按现场实际情况填写,包括需要断开的交、直流操作电源、开关、刀闸、保险、保护压板等逐项核实。

③已挂地线位置:填写时逐项核实现场执行情况。

④应设遮栏、标示牌:填写时逐项核实现场执行情况。

⑤工作地点临近带电设备:填写时逐项核实现场执行情况。

⑥其他措施(注意事项):填写时逐项核实现场执行情况。

4. 变电第一种工作许可票填写注意事项

(1)值班人员在做安全措施前,应根据变电工作票内容填写变电工作许可票,变电工作许可票内容要全面,并由值班负责人审核后签字。

(2)填写变电工作许可票时要考虑本变电站现场的实际情况,不要照抄变电工作票的内容。

(3)其他注意事项同变电第一种工作票。

本单元第一种工作许可票以典型城市轨道交通变电站一次系统接线图(图4-1)为例,来说明变压器室1号动变故障时,第一种许可票的填写,典型变电第一种工作许可票如表6-4所示。

表 6-4

变压器 1 号动变故障工作许可票

签发编号 001

1. 工作单位： B 变电站 工作班人员：共 1 组 5 人 工作负责人： ×××	(3) 已挂地位置线： ①231-7。 ②21 号动变二次侧。
2. 工作任务：(工作地点及内容) 变压器室 1 号动变处理故障	
3. 计划工作时间 自 20 13 年 11 月 21 日 9 时 00 分起 至 20 13 年 11 月 21 日 11 时 00 分止	共 2 组
4. 安全措施及执行情况（执行后逐设备划√） (1) 已拉开的开关、刀闸和保险： ①401,231。 ②将 401,231 小车拉至试验位。	(4) 应设遮栏、标示牌： ①锁闭 231 柜门，在 231 柜门处挂警示红布并挂"止步，高压危险！"的标示牌。 ②将 10kV 开关柜 2 号牵变、1 号整流柜、2 号整流柜、1 号动变、2 号动变周围用红绳围起并挂"止步，高压危险！"的标示牌。 ③在 401,231 及已断开的二次电源开关手把上挂"禁止合闸，有人工作！"的标示牌。 ④在 231,1 号动变挂"已接地"的标示牌。 ⑤在 1 号动变处挂"在此工作！"的标示牌。
(2) 应断开的二次设备： ①401,231 的交直流操作电源。 ②1 号动变报警回路电源。	5. 工作地点临近带电设备： 10kV 开关柜、750V 开关柜、排流柜、400V 开关柜、1 号牵变、2 号牵变、1 号整流柜、2 号整流柜、2 号动变
	6. 其他措施：(注意事项) 变压器室作业要设专人监护
填写人 ×××	审核人（许可人） ×××

7. 9 时 20 分电调员 ××× 下达工令	
8. 初次许可开始工作时间 2013 年 11 月 21 日 9 时 25 分 工作负责人签名 ××× 工作许可人签名 ×××	
9. 开工、收工时间(开工前双方检查安全措施无误。收工前清理现场) 开工 21 日 9 时 30 分工作负责人 张明 工作许可人 张明 工作许可人签名 ××× 收工 21 日 10 时 30 分工作负责人 ___ 工作许可人 ___ 工作许可人签名 ___ 开工 ___ 日 ___ 时 ___ 分工作负责人 ___ 工作许可人 ___ 工作许可人签名 ___ 收工 ___ 日 ___ 时 ___ 分工作负责人 ___ 工作许可人 ___ 工作许可人签名 ___	
10. 工作负责人变动 原工作负责人 ___ 离去，变更 ___ 为工作负责人 工作许可人签名 ___	
11. 修试结果 故障处理结束，设备正常，可以送电	
12. 工作终结：工作人员撤出，现场清理完毕 20 13 年 11 月 21 日 9 时 35 分 工作负责人签名 ××× 工作许可人签名 ×××	
13. 拆除地线，结束许可票 21 日 9 时 40 分 地线 2 组已拆除；地线 0 组未拆除 工作许可人（主值）签名 ××× 值班员（副值班员）签名 ×××	

单元6.6 安全作业流程训练

典型的安全作业流程图如图6-1所示。

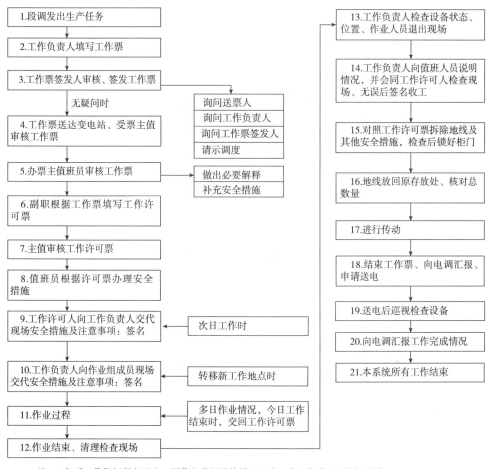

图6-1 典型的安全作业流程图

注：1.如系工作期间紧急送电，原作业范围处换挂"止步，高压危险！"的标示牌。
2.电调下令挂的地线由电调下令撤除。

单元6.7 安全用具的保管与使用

一、安全用具的分类

在电力系统中，根据各专业和工种的不同，需要经常从事不同的工作和进行不同的操作。为了保证工作过程中不发生人身和设备事故，必须掌握正确使用各种安全用具。常用的安全用具可分为绝缘安全用具和检修防护安全用具两类。

绝缘安全用具又分为高压基本安全用具、高压辅助安全用具和低压基本安全用具及低压辅助安全用具。基本安全用具是指绝缘强度大,能长时间承受工作电压的安全用具,它一般用于直接操作带电设备或接触带电体进行某些特定的工作。属于这一类的安全用具,一般包括绝缘杆、高压验电器、绝缘挡板等。辅助安全用具是指那些绝缘强度不足以承受电气设备或导体的工作电压,只能用于加强基本安全用具的保安作用(当它们用于1kV及以下设备时,可以作为基本安全用具)。属于这一类的安全用具一般指绝缘手套、绝缘靴、绝缘鞋、绝缘垫、绝缘台等。辅助安全用具不能直接接触电气设备的带电部分,一般用来防止设备外壳带电时的接触电压,高压接地时跨步电压等异常情况下对人身产生的伤害。

安全防护用具是指那些本身没有绝缘性能,但可以保护工作人员不发生伤害的用具,如接地线、安全帽、安全带、护目镜等。此外,登高用的梯子、脚扣、防毒用具等也属于安全防护用具。这些防护用具是防护现场作业人员高空坠落、物体打击、电弧灼伤、人员中毒、有毒气体中毒等伤害事故的有效措施之一,是其他安全用具所不能取代的。

二、基本安全用具的使用和保管

所有安全用具都必须按使用说明书规定的使用方法使用,并按其规定进行日常的维护和保养,使用前后都要对它仔细检查,此外还应按规定的周期做好送检试验或更换。

所有安全用具的保管由各自工班专职人员负责,保管人对各安全用具填写记录卡,跟踪管理、储存其维修、使用、送检情况。

1. 绝缘杆

绝缘杆又称绝缘棒或操作杆,由带端部配件的绝缘管或棒制成的工具。通常包括操作杆、扎线杆、钩头杆、通用操作杆。

(1)绝缘杆的使用:

①操作绝缘杆时应两人进行,一人操作,一人监护,操作人应戴绝缘手套,穿绝缘靴,以加强绝缘杆的保安作用。

②使用绝缘杆工作时,操作人应选择好合适的站立位置,保证工作对象在移动过程中与相邻带电体保持足够的安全距离。

③使用绝缘杆装拆地线等较重的物体时,应注意绝缘杆受力角度,以免绝缘杆损坏或绝缘杆所挑物件失控落下,造成人员和设备的损伤。

④使用绝缘杆前,应检查其外表干净、干燥、无明显损伤,不应沾有油物、水、泥等杂物。使用后要把绝缘杆擦干净,存放在干燥的地方,以免受潮。

⑤使用绝缘杆时要注意防止碰撞,以免损坏表面的绝缘层。

(2)绝缘杆的保管:

①绝缘杆应保存在干燥的室内,并有固定的位置,不能与其他物品混杂存放。

②绝缘杆每月至少检查一次,检查其表面无裂纹、机械损伤及绝缘层破坏。

③绝缘杆每年必须试验一次,每次试验应建立专用的试验记录本。超过试验周期的绝缘杆禁止使用。

2. 高压验电器

高压验电器是检验电气设备、电器、导线上是否有电的一种专用安全用具。当每次断开电源进行检修时,必须先用它验明设备确实无电后,方可进行工作。根据所使用的工作电压,高压验电器一般制成10kV和35kV两种。验电器可分为指示器和支持器两部分。

(1)高压验电器的使用:

①必须使用电压和被验设备电压等级相一致的合格验电器。

②验电时,应戴绝缘手套,验电器应逐渐靠近带电部分,直到氖管灯泡发亮为止,验电器不要立即直接触及带电部分。

③验电时,验电器不应装接地线。

(2)高压验电器的保管:

①验电器应定期做绝缘耐压试验、启动试验,潮湿地方3个月,干燥地方半年。如发现该产品不可靠应停止使用。

②验电器应存放在干燥、通风、无腐蚀气体的场所。

3.低压验电器

低压验电器又称作试电笔或电笔,它的工作范围是在100~500V之间,氖管发亮时,表明被测电器或线路带电,也可以用来区分火(相)线和地(中性)线,此外还可用它区分交、直流电,当氖管灯泡两极附近都发亮时,被测体带交流电,当氖管灯泡一个电极发亮时,被测体带直流电。

(1)低压验电器的使用:

①低压验电笔在使用前应先在有电设备上进行验电,确认验电笔良好,方可进行。

②使用时,手拿验电笔,用一个手指触及笔杆尾端的金属部分,金属笔尖顶端接触被检查的测试部位,如果氖管灯泡发亮则表明测试部位带电,并且氖管灯泡越亮,说明电压越高。

③阳光照射下或光线强烈时,氖管灯泡发光指示不易看清,应注意观察或遮挡光线照射。

④验电时应戴绝缘手套,穿绝缘靴,不许以电压表和信号灯有无指示作为判断有无电的依据。人体与大地绝缘良好时,被测体即使有电,氖管灯泡也可能不发光。

⑤低压验电笔只能在500V以下使用,禁止在高压回路上使用。

⑥验电时要防止造成相间短路,以防电弧灼伤。

(2)低压验电器的保管:

①要避免跌落、挤压、强烈冲击振动,不要用带腐蚀化学溶剂和洗涤剂等溶液擦拭。

②不要放在露天烈日下曝晒,经常保持清洁,存放于干燥处。

4.绝缘夹钳

绝缘夹钳是用来安装和拆卸高压熔断器或执行其他类似工作的安全工具,主要用于35kV及以下电压等级。绝缘夹钳由工作钳口、绝缘部分和握手部分组成。

(1)绝缘夹钳的使用:

①不允许用绝缘夹钳装地线,以免在操作时,由于接地线在空中摆动造成接地短路和触电事故。

②操作人员工作时,应戴护目眼镜、绝缘手套、穿绝缘靴或站在绝级台(垫)上,手握绝缘夹钳要精力集中并保持身体平衡,同时注意保持人身各部位与带电部位的安全距离。

(2)绝缘夹钳的保管:

①绝缘夹钳要存放在专用的箱子或柜子里,以防受潮或损坏。

②绝缘夹钳应每年试验一次,其耐压标准按相关规定执行,并做好记录。

三、辅助安全用具的使用和保管

1. 绝缘手套

绝缘手套是在高压电气设备上进行操作时使用的辅助安全用具,如用来操作高压隔离开关、高压跌落开关、装拆接地线、在高压回路上验电等工作。在低压交直流回路上带电工作,绝缘手套也可以作为基本用具使用。

绝缘手套用特殊种橡胶制成,其试验耐压分为 12kV 和 5kV 两种,12kV 绝缘手套可作为 1kV 以上电压的辅助安全用具及 1kV 以下电压的基本安全用具。5kV 绝缘手套可作为 1kV 以下电压的辅助安全用具,在 250V 以下时作为基本用具,禁止在 1kV 以上的电压等级作为基本用具。

(1)绝缘手套的使用:

①每次使用前应进行外部检查,查看表面有无损伤、磨损、破漏、划痕等,如有砂眼漏气情况,禁止使用。检查方法为:手套内部进入空气后,将手套朝手指方向卷曲,并保持密闭,当卷到一定程度时,内部空气因体积压缩压力增大,手套膨胀,细心观察有无漏气,漏气的绝缘手套不得使用。

②带上绝缘手套后,不能拿表面尖利、带刺的物品,以免损伤绝缘手套。

③穿戴绝缘手套时,衣袖要放在绝缘手套内。

(2)绝缘手套的保管:

①绝缘手套使用后应将沾在手套表面的脏污擦净、晾干。

②绝缘手套应存放在干燥、阴凉、通风的地方,并倒置在指形支架或存放在专用的柜内,绝缘手套上不得堆压任何物品。

③绝缘手套不准与油脂、溶剂接触,合格与不合格的手套不得混放一处,以免使用时造成混乱。

④绝缘手套每半年试验一次,试验标准按相关规定执行并登记记录,超试验周期的手套不准使用。

2. 绝缘靴

绝缘靴的作用是人体与地面保持绝缘,是高压操作时使用人用来与大地保持绝缘的辅助安全用具,可以作为防跨步电压的基本安全用具。常用的绝缘靴,37~41 号靴筒高 230mm,41~43 号靴筒高 250mm。

(1)绝缘靴的使用:

①绝缘靴不得当作雨鞋或作其他用,一般胶靴也不能代替绝缘靴使用。

②绝缘靴在每次使用前应进行外部检查,表面应无损伤、磨损、破漏、划痕等,有破漏、砂眼的绝缘靴禁止使用。

③为方便操作人员使用,现场应配大号、中号绝缘靴各两双。

④穿绝缘靴时,裤腿要放在绝缘靴内。

(2)绝缘靴的保管:

①存放在干燥、阴凉的专用柜内,其上不得放压任何物品。

②不得与油脂、溶剂接触,合格与不合格的绝缘靴不准混放,以免使用时拿错。

③每半年对绝缘靴试验一次,试验标准按相关规定执行并登记记录,不合格的绝缘靴应及时收回。

④超试验期的绝缘靴禁止使用。

四、防护安全用具的使用和保管

1. 安全带

安全带是高空作业人员预防高空坠落伤亡事故的防护用具,在高空从事安装、检修、施工等作业时,为预防作业人员从高空坠落,必须使用安全带予以保护。

安全带是由带子、绳子和金属器件组成的,根据现场作业性质的不同,所用的安全带结构形式也有所不同,常用的有围杆作业安全带和悬挂作业安全带。围杆作业安全带适用于一般电工、通信外线工等杆上作业;悬挂作业安全带适用于安装、建筑等作业。

安全带的使用和保管:

①安全带使用前,作一次外观全面检查,如发现破损、伤痕、金属配件变形、裂纹时,不准再次使用,平时每一个月进行一次外观检查。

②安全带应高挂低用或水平拴挂。高挂低用就是将安全带的保护绳挂在高处,人在下面工作。水平拴挂就是使用单腰带时,将安全带系在腰部,保护绳挂钩和带同一水平的位置,人和挂钩保持差不多等于绳长的距离,禁止低挂高用,并应将活梁卡子系好。

③安全带上的各种附件不得任意拆除或不用,更换新保护绳时要有加强套,安全带的正常使用期限为 3~5 年,发现损伤应提前报废换新。

④安全带使用和保存时,应避免接触高温、明火和酸等腐蚀性物质,避免与坚硬、锐利的物体混放。

⑤安全带可以放入温度较低的温水中,用肥皂、洗衣粉水轻轻擦洗,再用清水漂洗干净然后晾干,不允许浸入高温热水中,以及在阳光下曝晒或用火烤。

⑥安全带试验周期为半年,试验标准按国家有关规定执行。

2. 安全绳

安全绳是高空作业时必备的人身安全保护用品,通常与护腰式安全带配合使用。广泛用于线路高空作业,常用的安全绳有 2m、3m、5m 3 种。

安全绳的使用和保管:

①每次使用前必须进行外观检查,凡连接铁件有裂纹、变形、销扣失灵、安全绳断股者,均不得使用。

②使用的安全绳必须按规程进行定期静荷试验,并有合格标志。

③安全绳应高挂低用,如果高处无挂设位置,可挂在等高处,不得低挂高用。

④绑扎安全绳的有效长度,应根据工作性质和离地高度而定,一般为 3~4m,绑扎安全

的有效长度必须小于对地高度,以便起到人身保护作用。如果在500kV线路上作业,由于瓷瓶串很长,可以将安全绳接长使用。

⑤安全绳切忌接触高温、明火和酸类物质,以及有锐利尖角的物质。

⑥安全绳的试验周期为半年,试验静拉力为2 205N,保持5min。

3. 安全帽

安全帽是用来保护使用者头部或减缓外来物体冲击伤害的个人防护用品,在工作现场佩戴安全帽可以预防或减缓高空坠落物体对人员头部的伤害,在高空作业现场的人员,为防止工作时人员与工具器材及构架相互碰撞而头部受伤,或杆塔、构架上工作人员失落的工具、材料击伤地面人员。因此,无论高空作业人员或配合人员都就应戴安全帽。

安全帽由帽壳、帽衬、下颚带、吸汗带和通气孔组成。

安全帽的防护原理是使冲击力传递分布在头盖骨的整个面积上,避免打击一点。头与帽项的空间位置构成一个能量吸收系统,可起到缓冲作用,因此可减轻或避免伤害。

安全帽的使用和保管:

①使用完好无破损的安全帽。

②系紧下颚带,以防止工作过程中或外来物体打击时脱落。

③帽衬完好,帽衬破损后,一旦随意外打击时,帽衬失去或减少了吸收外部能量的作用,安全帽就不能很好的保护戴帽人。

④所用的安全帽应符合国家的有关技术规定。

⑤使用后的安全帽要对其仔细检查,有问题的安全帽应及时更换。玻璃钢及塑料安全帽的正常使用周期为2~4年。

4. 脚扣

脚扣是攀登电杆的主要工具,分为木杆用脚扣和水泥杆用脚扣两种,木杆用脚扣的半圆环和根部均有突起的小齿,以便登杆时刺入杆中达到防滑的作用,水泥杆用脚扣的半圆环和根部装有橡胶套或橡胶垫来防滑。

脚扣可根据电杆的粗细不同,选择大号或小号,使用脚扣登杆应经过训练,才能达到保护作用,使用不当也会发生人身伤亡事故。

脚扣的使用和保管:

①使用前应作外观检查,检查各部位是否有裂纹、腐蚀、开焊等现象。若有,不得使用。平常每月还应进行一次外表检查。

②登杆前,使用人应对脚扣做人体冲击检验,方法是将脚扣系于电杆离地约0.5m处,借人体重量猛力向下蹬踩,脚扣及脚套不应有变形及任何损坏后方可使用。

③按电杆的直径选择脚扣大小,并且不准用绳子或电线代替脚扣绑扎鞋子。

④脚扣不准随意从杆上往下摔扔,作业前、后应轻拿轻放,并妥善存放在工具柜内。

⑤脚扣应按有关技术规定每年试验一次。

5. 携带型接地线

当对高压设备进行停电检修或有其他工作时,为了防止检修设备突然来电或邻近带电高压设备产生的感应电压对工作人员造成伤害,需要装设接地线,停电设备上装设接地线还可以起到放尽剩余电荷的作用。

携带型接地线由线夹、多股软铜线和接地端组成,多股软铜线的截面积不得小于 25mm^2,并满足热稳定的要求。

(1)接地线的使用:

①接地线的线卡或线夹应能与导体接触良好,并有足够的夹紧力,以防通过短路电流时,由于接触不良而熔断或因电动力的作用而脱落。

②检查接地铜线和 3 根短铜线的连接是否牢固。

③装拆接地线必须由两人进行,装接地线之前必须验电,操作人要戴绝缘手套和使用绝缘杆。

④接地线每次使用前应进行详细检查,检查螺丝是否松脱,铜线有无断股,线夹是否好用等,损坏的接地线应及时修理或更换,不合格的接地线禁止使用。

⑤接地线必须使用专用线夹固定在导线上,严禁用缠绕的方法进行接地或短路。

⑥装设接地线必须先接地端,后挂导体端,且必须接触良好,拆接地线必须先拆导体端,后拆接地端。

⑦接地点和工作设备之间不允许连接开关或熔断器,以防它们断开时,工作地点失去接地,威胁检修人员的安全。

⑧接地线在通过一次短路电流后,一般应予报废。

(2)接地线的保管:

①每组接地线均应编号,并存放在固定地点。

②存放位置也应编号,接地线号码与存放位置号码必须一致,以免发生误拆或漏拆接地线造成事故。

6.放电专用地线

放电专用地线是用于释放已停电电气设备上剩余电荷的专用地线,是已停电的电力电容器、电力电缆和高压试验工作前、结束后的放电专用地线。

放电专用地线由单体地线、FD 型绝缘杆组装制成,通过绝缘杆前端有金属部分与载有剩余电荷的导体接触,使剩余电荷经放电电阻、单体地线释放,由于放电电阻的限流作用,防止了放电过程中产生强烈电火花造成设备表面烧伤的现象。

放电专用地线的使用和保管:

①禁止使用放电专用地线代替停电设备作保安性安全措施。

②放电专用地线应与其他地线顺序编号存放在安全具室或安全工具柜,使用时必须登记。放电专用地线使用后,电气设备送电之前必须查明放电专用地线已收回。

③放电专用地线是经兆欧级的阻抗释放电荷的,使用时应充分与载有电荷部分接触。

④放电专用地线绝缘杆按安全工具标准及周期试验并登记管理,每次使用前应摇测绝缘杆内置电阻,其阻值应为 $2.5\sim3.5\text{M}\Omega$。

⑤不合格的放电专用接地线禁止使用。

7.梯子

梯子是工作现场常用的登高工具,分为直梯和人字梯两种,直梯和人字梯又可分为可伸缩型和固定长度型,一般用优质木材、竹子、铝合金及高强绝缘材料,如环氧树脂等制成,直梯通常用于户外登高作业,人字梯通常用于室内登高作业。

作业人员在梯子上正确的站立姿势是:一只脚踏在踏板上,另一条腿跨入踏板上部第三格的空当中,脚钩着下一格踏板。

梯子的使用和保管:

①为了避免梯子向背后翻倒,其梯身与地面之间的夹角不大于80°,为了避免梯子后滑,梯身与地面之间的夹角不得小于70°。

②用梯子作业时,一人在上面工作,一人在下面扶稳梯子,不许两人上梯,不许带人移动梯子,使用的梯子下部要有防滑措施。

③伸缩调整长度后,要检查防下滑铁卡是否到位起作用,并系好防滑绳。人字梯使用时中间绑扎的防自动滑开的绳子要系好,人在上面时不准调整防滑绳长度。

④在梯子上作业时,梯顶一般不应低于作业人员的腰部,或作业人员在距梯顶不小于1m的踏板上作业,以防朝后仰面摔倒。

⑤登在人字梯上操作时,不能采取骑马式站立,以防人字梯自动滑塌造成失控摔伤。

⑥在部分停电或不停电的作业环境下,应使用绝缘梯。

⑦在设备区域中,距离运行设备较近时,梯子应由两人平抬,不准一人肩扛梯子,以免人身接触电气设备发生事故。

⑧梯子使用后应放回专用的安全用具室。

8. 防毒用具

在有毒气体的场所作业或进行工程抢修时,现场人员要有防中毒措施,佩带防毒用具能有效地预防中毒事故的发生。常用的防毒用具分为过滤式和隔离式两大类。

过滤式防毒面具分为全面罩式和半面罩式两种,主要有头罩或面罩、导气管、滤毒罐组成,隔离式防毒面具可划分为自动式、送风式及自吸式,主要由面罩、导气管、气瓶组成,根据对行业防毒用具的使用,仅对过滤式防毒面具进行介绍。

防毒面具的部件组装,必须严密、牢固、不易被损坏,保持良好的气密。组件还应容易更换,更换后应保持原有性能。

防毒用具的使用和保管:

①头、面罩与口鼻、面部密合良好,佩戴方便、合适、无明显压痛感。头戴式面罩的系带,应有足够的弹性和强度,并能调节松紧。全面罩型应有通话装置,以便在现场与其他人员联系。

②眼窗镜保持干净,透明度良好。

③呼吸气阀与呼吸道畅通,启动灵敏,闭锁严密,在内、外压平衡时,保持良好的密闭状态,呼吸气阀应有保持装置,以防使用时造成角度倾斜、阀片漏气现象。

④导气管的长度以不妨碍头部活动为易,与滤毒罐的连接,应采用防毒面具专用圆螺纹,以保证结合部位的气密性和连接强度。

⑤滤毒罐的滤毒剂装填均实,以免发生偏流现象。

⑥滤毒剂要按厂家规定定期更换,以保证滤素性能。防毒用具要按厂家规定试验其有关性能。否则,不准使用。

⑦防毒用具要妥善保管,须有防尘、防污染措施,不与坚硬物和化学药物共同存放,使用前

后进行外部检查。

 思考与练习

1. 保证检修作业安全的技术措施有哪些?
2. 停电检修计划的申报原则是什么?
3. 直流开关柜内工作具体的操作步骤是什么?应布置哪些技术措施?
4. 能否以电压表和信号灯有无指示作为判断有无电的依据?为什么?
5. 作业人员进入电容器室工作时能否直接进行,为什么?
6. 检修作业中关于装设地线是如何规定的?
7. 变电第一种工作票和第一种许可票的填写是如何规定的?
8. 请以典型一次系统图 4-1 为例,完成对 10kV 4 号母线清扫工作许可票的填写。
9. 请以小组为单位,角色模拟 2 号动变故障检修的安全作业流程。
10. 绝缘杆的使用和保管的注意事项是什么?

单元7 其他作业

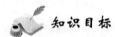

了解低压设备作业、继电保护及二次回路作业、电气试验作业、电缆作业应填写的工作票类型;掌握各种作业类型中的安全规范操作要求。

能根据不同的作业类型布置相应的安全措施;能针对不同的作业类型进行安全规范作业。

培养学生勤于观察和思考、自主学习的习惯;培养良好的遵章守纪和安全操作意识;培养学生对人员和设备的责任意识。

建议学时

6学时。

单元7.1 低压设备及低压线路上的作业

一、低压带电作业的相关规定

低压带电作业是指在不停电的低压设备或低压线路上的工作。

1. 低压设备带电作业的安全规定

(1)低压带电作业和在带电设备外壳上工作,应填用变电站第二种工作票。上述工作至少由两人进行。

(2)低压带电作业时,必须有专人监护。带电作业时由于作业场地、空间狭小,带电体之间、带电体与地之间绝缘距离小,或由于作业时的错误动作,均可能引起触电事故。因此,带电作业时必须有专人监护,监护人应始终在工作现场,并对作业人员进行认真监护,随时纠正不正确的动作。

(3)若必须带电作业时,作业人员要穿紧袖口的工作服,戴工作帽、手套和防护眼镜,穿绝缘靴或站在绝缘垫上工作。所有的工具必须有良好的绝缘手柄,附件的其他设备的带电部分必须用绝缘板隔开。禁止使用锉刀、金属尺和带有金属物的毛刷、毛掸等工具。

(4)在带电的低压盘上工作时,应采取防止相间短路和单相接地短路的绝缘隔离措施。在带电的低压盘上工作时,为防止人体或作业工具同时触及两相带电体或一相带电体与接地体,在作业前应将相与相间或相与地(盘构架)间用绝缘板隔离,以免作业过程中引起短路事故。

(5)严禁在雷、雨、雪天气及六级以上大风天气户外带电作业,也不应在雷电天气进行室内带电作业。雷电天气,系统容易引起雷电过电压,危及作业人员的安全,不应进行室内外带电作业;雨雪天气,气候潮湿,不宜带电作业。

(6)在湿度过大的室内,禁止带电作业;工作位置过于狭窄时,禁止带电作业。

2. 低压线路带电作业的安全规定

(1)上杆前应先分清火线、地线,选好工作位置。在登杆前,应在地面上先分清火线、地线,只有这样才能选好杆上的作业位置和角度。在地面辨别火线、地线时,一般根据一些标志和排列方向、照明设备接线等进行辨认。初步确定火线、地线后,可在登杆后用验电器或低压试电笔进行测试,必要时可用电压表进行测量。

(2)断开低压线路导线时,应先断开火线,后断开地线。搭接导线时,顺序应相反。三相四线制低压线路在正常情况下接有动力、照明及家电负荷。当带电断开低压线路时,如果先断开零线,则因各相负荷不平衡使该电源系统中性点会出现较大偏移电压,造成零线带电,断开时会产生电弧。因此,断开4根线均会带电断开。故应先断火线,后断地线。接通时,先接零线,后接火线。

(3)人体不得同时接触两根线头。带电作业时,若人体同时接触两根线头,则人体串入电路会造成人体触电的伤害。

(4)高低压同杆架设,在低压带电线路上工作时,应先检查与高压线的距离,采取防止误碰带电高压线或高压设备的措施。

(5)登杆后在低压线路上工作,应采取防止低压接地短路及混线的作业措施。

(6)在低压带电导线未采取绝缘措施时(裸导线),作业人员不得穿越。

(7)严禁雷、雨、雪天气及六级以上大风天气在户外低压线路上带电作业。

(8)低压线路带电作业,必须设专人监护,必要时设杆上专人监护,并要填写安全措施卡。低压线路带电作业安全措施卡如表7-1所示。

3. 低压带电作业注意事项

(1)带电作业人员必须经过培训并考试合格,工作时不少于两人。

(2)严禁穿背心、短裤、拖鞋带电作业。

(3)带电作业使用的工具应合格,绝缘工具应试验合格。

(4)低压带电作业时,人体对地必须保持可靠的绝缘。

(5)在低压配电盘上工作,必须装设防止短路事故发生的隔离措施。

(6)只能在作业人员的一侧带电,若其他还有带电部分而又无法采取安全措施者,则必须将其他侧电源切断。

(7)带电作业时,若已接触一相火线,要特别注意不要再接触其他火线或地线(或接地部分)。

(8)带电作业时间不宜过长。

低压线路带电作业安全措施卡　　　　　　　　　　　　表7-1

工作单位			工作负责人		
工作时间			工作票编号		
工作任务					
工 作 危 险 点					
1. 触电					
2. 高空坠落					
3. 相间短路、单相接地					
4. 电弧灼伤					
序　号		安　全　措　施			执行情况(√)
作业前	1	班前会(交工作任务、交工作程序、交技术措施、交安全措施)			
	2	检查登高工具和施工器具及绝缘工器具			
	3	检查着装、正确佩戴安全帽、安全带和吊绳			
作业中	4	雷雨、雨雾及风力大于5级时,不得进行带电作业			
	5	进行间接带电作业时,作业范围内电气回路的剩余电流动作保护器必须投入运行			
	6	低压间接带电作业至少由两人工作,应设专人监护			
	7	工作时应站在绝缘物上,正确佩戴安全帽和绝缘手套,穿绝缘靴、长袖上衣			
	8	杆上作业时,应选择合适的工作位置,分清相线、中性线			
	9	在带电的低压配电装置上作业时,应采取防止相间短路或单相接地的措施			
	10	必须使用有绝缘柄的工具,严禁使用金属工具代替绝缘工具作业			
	11	断开导线时,先断开相线,再断开中性线;搭接导线时,先接中性线,后接相线,不得同时接触两根线头			
	12	低压带电导线未采取绝缘措施时,作业人员不得穿越导线			
	13	更换户外式熔断器的熔丝或拆搭接头时,应在线路停电后进行。如需作业时必须在监护人的监护下进行间接带电作业,但严禁带负荷作业			
	14	严禁使用锉刀、金属尺和带有金属物的毛刷、毛掸等工具			
	15	严禁同时接触未接通的或已断开的导线两个头,以防止人体串入电路			
作业后	16	检查作业现场有无遗留物,清理工作现场			
	17	所有工作人员撤离作业现场			
	18	班后会(评任务完成情况、评工作中安全情况、评安全措施执行情况)			

二、低压停电作业

(1)低压配电盘、配电箱和电源干线上的工作,应填用变电站第二种工作票。在低压电动机和在不可能触及的高压设备、二次系统的照明回路上的工作可不填用工作票,应做好相应记录,该工作至少由两人进行。

(2)在低压设备上作业时,一般应停电进行。在低压设备上作业时,严禁一人单独作业。

(3)在转动机械上工作时,不准戴绝缘手套,严禁将明火或能发生火焰的物体带入蓄电池柜。进行蓄电池充、放电和维护时,防止全站直流二次电源失压而引起开关跳闸。

(4)停电更换熔断器后,恢复操作时,应戴绝缘手套和护目眼镜。

(5)低压工作时,应防止相间或接地短路;应采用有效的措施遮蔽有电部分,若无法采取遮蔽措施时,则将影响作业的有电设备停电。

(6)低压回路停电应作好以下安全措施:

①将检修设备的各方面电源断开,取下熔断器,在断路器或隔离开关操作把手上挂"禁止合闸,有人工作!"的标示牌。

②工作前必须验电。

③根据需要采取其他安全措施。

单元7.2 入洞作业

(1)在列车运行时,禁止进洞工作(隧道柜检查、倒闸操作例外),特殊检查、抢修经行车值班员同意,做好安全措施后方可进行。当听到要求出洞广播时,必须清理好现场立即出洞。

(2)进洞工作必须先在行车值班室登记,经值班员同意后,方可进洞,完工后清理好现场,绝不能遗留杂物(如铝线和铜线等),出洞要在原登记的行车值班室注销。

(3)在工作过程中,不得触动与工作无关的设备和电缆,严禁将工具、导线、铁丝及其他物件遗放在钢轨上或影响行车的地点。

(4)在缓冲回流箱、隧道柜内及配电箱进行工作,完工后必须将箱盖上紧,自行锁好柜门。

(5)在洞内行走,不得蹬踏三轨防护板,并应注意水泥桩和轭流变压器,防止摔伤。

(6)在行车期间进洞的检查和操作,不得少于两人进行,需穿绝缘靴并注意观望,要利用两组列车运行间隔时间工作,并不得影响行车。

单元7.3 继电保护及二次回路上的作业

一、工作票的填写

1. 下列情况应填用电气第一种工作票

(1)在高压室遮栏内或与导电部分小于表6-1规定的安全距离进行继电保护、安全自动装置和仪表等及其二次回路的检查试验时,需将高压设备停电者。

(2)在高压设备继电保护、安全自动装置和仪表、自动化监控系统、通信系统、热工(水车)保护等及其二次回路上工作需将高压设备停电或做安全措施者。

2. 下列情况应填用电气第二种工作票

(1)继电保护装置、安全自动装置、自动化监控系统在运行中改变装置原有定值时,不影响一次设备正常运行的工作。

(2)对于连接电流互感器或电压互感器二次绕组并装在屏柜上的继电保护、安全自动装置、通信系统、热工(水车)保护上的工作,可以不停用所保护的高压设备或不需做安全措施者。

二、二次工作安全措施票的填写

1. 下列情况应填用二次工作安全措施票

(1)在运行设备的二次回路上进行拆、接线工作。

(2)在对检修设备执行隔离措施时,需拆断、短接和恢复同运行设备有联系的二次回路工作。二次工作安全措施票如表 7-2 所示。

二次工作安全措施票 表 7-2

单位_____   编号_____

被试设备名称					
工作负责人		工作时间	月 日	签发人	
工作内容:					
安全措施:包括应打开及恢复连接片、直流线、交流线、信号线、联锁线和联锁开关等,按工作顺序填写安全措施					
序 号	执 行	安 全 措 施 内 容			恢 复

执行人: 监护人: 恢复人: 监护人:

2. 二次工作安全措施票的填写

（1）二次工作安全措施票的工作内容及安全措施内容由工作负责人填写，由技术人员或班长审核并签发。

（2）监护人由技术水平较高及有经验的人担任，执行人、恢复人由工作班成员担任，按二次工作安全措施票的顺序进行。上述工作至少由两人进行。

三、继电保护及二次回路上的作业规范

（1）工作人员在现场工作的过程中，凡遇到异常情况（如直流系统接地等）或断路器跳闸、阀闭锁时，不论与本身工作是否有关，应立即停止工作，保持现状，待查明原因，确定与本工作无关时，方可继续工作。若异常情况或断路器跳闸，阀闭锁是本身工作所引起，应保留现场并立即通知运行人员，以便及时处理。

（2）工作前应做好准备，了解工作地点、工作范围、一次设备及二次设备运行情况、安全措施、试验方案、上次试验记录、图纸、整定值通知单、软件修改申请单、核对控制保护设备、测控设备主机或板卡型号、版本号及跳线设置等是否齐备并符合实际，检查仪器、仪表等试验设备是否完好，核对微机保护及安全自动装置的软件版本号等是否符合实际。

（3）现场工作开始前，应检查已做的安全措施是否符合要求，运行设备和检修设备之间的隔离措施是否正确完成，工作时还应仔细核对检修设备名称，严防走错位置。

（4）在全部或部分带电的运行屏（柜）上进行工作时，应将检修设备与运行设备前后以明显的标志隔开。

（5）在继电保护装置、安全自动装置及自动化监控系统屏（柜）上或附近进行打眼等振动较大的工作时，应采取防止运行中设备误动作的措施，必要时，经值班调度员同意，将有关保护暂时停用。

（6）在继电保护、安全自动装置及自动化监控系统屏间的通道上搬运或安放试验设备时，不能阻塞通道，要与运行设备保持一定距离，防止事故处理时通道不畅，防止误碰运行设备，造成相关运行设备继电保护误动作。清扫运行设备和二次回路时，要防止振动、防止误碰，要使用绝缘工具。

（7）继电保护、安全自动装置及自动化监控系统做传动试验或一次通电或进行直流输电系统功能试验时，应通知运行人员和有关人员，并由工作负责人或由他指派专人到现场监视，方可进行。

（8）所有电流互感器和电压互感器的二次绕组应有一点且仅有一点永久性的、可靠的保护接地。

（9）在带电的电流互感器二次回路上工作时，应采取下列安全措施：

①禁止将电流互感器二次侧开路。

②短路电流互感器二次绕组，应使用短路片或短路线，禁止用导线缠绕。

③在电流互感器与短路端子之间导线上进行任何工作，应有严格的安全措施，并填用"二次工作安全措施票"，见表7-2。必要时申请停用有关保护装置、安全自动装置或自动化监控系统。

④工作必须认真、谨慎，禁止将回路的永久接地点断开。

⑤工作时,应有专人监护,使用绝缘工具,并站在绝缘垫上。

(10)在带电的电压互感器二次回路上工作时,应采取下列安全措施:

①严格防止短路或接地。应使用绝缘工具,戴绝缘手套。必要时,工作前申请停用有关保护装置、安全自动装置或自动化监控系统。

②接临时负载,应装有专用的隔离开关和熔断器。

③工作时应有专人监护,禁止将回路的安全接地点断开。

(11)二次回路通电或耐压试验前,应通知运行人员和有关人员,并派人到现场看守,检查二次回路及一次设备上确无人工作后,方可加压。电压互感器的二次回路通电试验时,为防止由二次侧向一次侧反充电,除应将二次回路断开外,还应取下电压互感器高压熔断器或断开电压互感器一次隔离开关。

(12)检验继电保护、安全自动装置、自动化监控系统和仪表的工作人员,不得对运行中的设备、信号系统、保护压板进行操作,但在取得运行人员许可并在检修工作盘两侧开关把手上采取防误操作措施后,可拉合检修断路器。

(13)试验用刀闸应有熔丝并带罩,被检修设备及试验仪器禁止从运行设备上直接取试验电源,熔丝配合要适当,要防止越级熔断总电源熔丝。试验接线要经第二人复查后,方可通电。

(14)继电保护装置、安全自动装置及自动化监控系统的二次回路变动时,应按经审批后的图纸进行,无用的接线应隔离清楚或拆除,防止误拆或产生寄生回路。同时,应做好有关记录。

(15)试验工作结束后,按"二次工作安全措施票"逐项恢复同运行设备有关的接线,拆除临时接线,检查装置内无异物,屏面信号及各种装置状态正常,各相关压板及切换开关位置恢复至工作许可时的状态。二次工作安全措施票应随工作票归档保存一年。

单元7.4 电气试验作业

一、工作票的填写

电气试验应填用电气第一种工作票。

(1)在同一电气连接部分,高压试验工作票发出时,应先将已发出的检修工作票收回,禁止再发出第二张工作票。如果试验过程中,需要检修人员配合,应将检修人员填写在高压试验的工作票中。

(2)在一个电气连接部分同时有检修和试验时,可填用一张工作票,但在试验前应得到检修工作负责人的许可。

(3)如加压部分与检修部分之间的断开点,按试验电压有足够的安全距离,并在另一侧有接地短路线时,可在断开点的一侧进行试验,另一侧可继续工作。但此时在断开点应挂有"止步,高压危险!"的标示牌,并设专人监护。

二、电气试验作业规范

(1)电气试验工作不得少于两人。试验负责人应由有经验的人员担任,开始试验前,试验负责人应向全体试验人员详细布置试验中的安全注意事项,交代邻近间隔的带电部位,以及其他安全注意事项。

(2)因试验需要断开设备接头时,拆前应做好标记,接后应进行检查。

(3)试验装置的金属外壳应可靠接地。高压引线应尽量缩短,并采用专用的高压试验线,必要时用绝缘物支持牢固。试验装置的电源开关,应使用明显断开点的双极刀闸。为了防止误合刀闸,可在刀刃上加绝缘罩。试验装置的低压回路中应有两个串联电源开关,并加装过载自动掉闸装置。

(4)试验现场应装设遮栏或围栏,遮栏或围栏与试验设备高压部分应有足够的安全距离,向外悬挂"止步,高压危险!"的标示牌,并派人看守。被试设备两端不在同一地点时,另一端还应派人看守。

(5)加压前应认真检查试验接线,使用规范的短路线,表计倍率、量程、调压器零位及仪表的开始状态均正确无误,经确认后,通知所有人员离开被试设备,并取得试验负责人的许可,方可加压。加压过程中应有人监护并呼唱。

(6)试验人员在全部加压过程中,应精力集中,随时警戒异常现象发生,操作人应站在绝缘垫上。

(7)变更接线或试验结束时,应首先断开试验电源,并将升压设备的高压部分放电、短路接地。

(8)未装接地线的大电容被试设备,应先行放电再做试验。高压直流试验时,每告一段落或试验结束时,应将设备对地放电数次并短路接地。

(9)试验人员试验时,如需自行装设临时接地短路线,应向值班员说明。试验结束时,试验人员应拆除自装的接地短路线,并对被试设备进行检查,恢复试验前的状态,经试验负责人复查后,进行现场清理。

(10)发电厂和变电站升压站发现有系统接地故障时,禁止测量接地网接地电阻。

(11)特殊的重要电气试验,应有详细的试验方案,并经主管的领导(总工程师)批准。

单元7.5 电缆作业

一、工作票的填写

(1)电力电缆检修停电作业应办理第一种工作票。35kV及1 500V电力电缆用变电站第一种工作票,由电调办理准许手续。不需停电的工作应填用第二种工作票。

(2)填用第一种工作票的工作应经调度的许可,填用第二种工作票的工作可不经调度的许可。若进入发电厂、变、配电站工作,都应经当值运行人员许可。

二、电缆作业的安全规范

(1)工作前应核对电缆标示牌的名称与工作票所填内容相符,安全措施正确后,方可开始工作。

(2)挖掘电缆工作,应由有经验人员交代清楚后,方能进行。挖到电缆保护板后,应由有经验的人员在现场指导方可继续工作。

挖掘电缆沟前,应做好防止交通事故的安全措施,在挖出的土堆起的斜坡上,不得放置工具材料等杂物,沟边应留有走道。

(3)挖掘出的电缆或接线头,如下面需要挖空时,必须将其悬吊保护。悬吊电缆应每隔1.0~1.5m吊一道。悬吊接头盒应平放,不得使接头受到拉力。

(4)敷设电缆时,应有专人统一指挥。电缆走动时,严禁用手搬动滑轮,以防压伤。移动电缆接头一般应停电进行。若必须带电移动,应先查阅历史记录,在专人统一指挥下,平正移动。

(5)电缆开断前,应核对电缆走向图,并使用专用仪器证实电缆无电后,用已接地并带绝缘柄的铁钎钉入电缆芯后,方可工作。扶绝缘柄的人应戴绝缘手套并站在绝缘垫上,采取防灼伤措施。

(6)熬电缆胶工作应有专人看管,熬胶人员应戴帆布手套及鞋盖。搅拌或舀取熔化的电缆胶或焊锡时,必须使用预先加热的金属棒或金属勺子,防止落入水分而发生爆溅烫伤。

(7)开启电缆井盖、电缆沟盖板及电缆隧道入孔盖时,应使用专用工具。开启后应设置标准路栏,并派人看守。工作人员撤离电缆井或隧道后,应立即将井盖盖好。

(8)电缆隧道或电缆工井内工作应遵守以下规定:

①电缆隧道应有充足的照明,并有防火、防水、通风的措施。

②电缆井内工作时,禁止只打开一只井盖(单眼井除外)。

③进入电缆井、电缆隧道前,应先用吹风机排除浊气,再用气体检测仪检查井内或隧道内的易燃、易爆以及有毒气体的含量是否超标,并做好记录。电缆井、隧道内工作时,应戴安全帽,并做好防火、防水及防止高空落物等措施,通风设备应保持常开。电缆井口应有专人看守。

④电缆沟的盖板开启后,应自然通风一段时间,经测试合格后方可下井沟工作。在通风条件不良的电缆隧(沟)道内进行巡视时,工作人员应携带便携式有害气体测试仪及自救呼吸器。

(9)充油电缆施工应做好电缆油的收集工作,对散落在地面上的电缆油要立即覆上黄沙或砂土,及时清除。

(10)在10kV跌落式熔断器与电缆头之间,宜加装过渡连接装置,工作时能与跌落式熔断器上桩头带电部分保持安全距离。在10kV跌落式熔断器上桩头带电时,未采取绝缘隔离措施前,禁止在跌落式熔断器下桩头新装、调换电缆尾线或吊装、搭接电缆终端头。

(11)禁止在带电导线、带电设备、变压器、油断路器附近以及在电缆夹层、隧道、沟洞内对火炉或喷灯加油及点火。喷灯对高压带电设备要保持1.5m以上的安全距离。

(12)制作环氧树脂电缆头和调配环氧树脂工作时,应采取防毒和防火措施。

(13)采取下列非开挖施工的安全措施:

①采用非开挖技术施工前,应首先探明地下各种管线及设施的相对位置。

②非开挖的通道,应与地下各种管线及设施保持足够的安全距离。

③通道形成的同时,应及时对施工的区域灌浆。

(14)在车辆段车场进行缓冲回流箱和电缆的检查维修工作时,应在工作区两侧设"禁止车辆通行!"的标示牌,并应在信号楼登记时说明。

三、电缆线路试验的安全措施

(1)电力电缆试验要拆除接地线时,应征得工作许可人的许可(根据调度员指令装设的接地线,应征得调度员的许可),方可进行。工作完毕后立即恢复。

(2)电缆试验前,加压端应采取安全措施,防止人员误入试验场所。另一端应设置围栏并挂上警告标示牌。如另一端在杆上或电缆开断处,应派人看守。

(3)电缆试验前,应先对被试电缆充分放电。

(4)电缆试验更换试验引线时,应先对试验设备和被试电缆充分放电,作业人员应戴好绝缘手套。

(5)电缆耐压试验分相进行时,电缆另两相应短路接地。

(6)电缆试验结束,应对被试电缆充分放电,并在被试电缆上加装临时接地线,待电缆尾线接通后方可拆除。

(7)电缆故障声测定点时,禁止直接用手触摸电缆外皮或冒烟小洞。

单元7.6 使用携带型仪器、仪表的测量工作

一、使用互感器的测量工作

(1)使用携带型仪器在高压回路上进行工作时,需要高压设备停电或做安全措施的,应填用第一种工作票,并至少由两人进行。

(2)除使用特殊仪器外,所有使用携带型仪器的测量工作,均应在电流互感器和电压互感器的低压侧进行。

(3)电流表、电流互感器及其他测量仪表的接线和拆卸,需要断开高压回路者,应将此回路所连接的设备和仪器全部停电后,方能进行。

(4)电压表、携带型电压互感器和其他高压测量仪器的接线和拆卸无须断开高压回路者,可以带电工作。但应使用耐高压的绝缘导线,导线长度应尽可能缩短,不准有接头,并应连接牢固,以防接地和短路,必要时用绝缘物加以固定。

(5)使用电压互感器进行工作时,应先将低压侧所有接线接好,然后用绝缘工具将电压互感器接到高压侧。工作时应戴绝缘手套和护目眼镜,站在绝缘垫上,并应有专人监护。

(6)连接电流回路的导线截面,应适合所测电流数值。连接电压回路的导线截面不得小于$1.5mm^2$。

(7)非金属外壳的仪器,应与地绝缘;金属外壳的仪器和变压器外壳应接地。

(8)所有测量用的装置均应设遮栏和围栏,并悬挂"止步,高压危险!"的标示牌。仪器的布置应使工作人员距带电部分不小于规定的安全距离。

二、使用钳型电流表的测量工作

(1)值班人员在低压回路上使用钳型电流表的测量工作,应由两人进行,其他电气工作人员测量时,应填第二种工作票。

（2）在低压回路上测量时，严禁用导线从钳型电流表另接表计测量。

（3）测量时若需拆除遮栏，应在拆除遮栏后立即进行。工作结束后，应立即将遮栏恢复原位。

（4）使用钳型电流表时，应注意钳型电流表的电压等级。测量时戴绝缘手套，站在绝缘垫上，不得触及其他设备，以防短路或接地。观测表计时，要特别注意保持工作人员头部与带电部分的安全距离。

（5）测量低压可熔保险器和水平排列低压母线电流时，测量前应将各相可熔保险器和母线用绝缘材料加以包护隔离，以免引起相间短路，同时应注意不得触及其他带电部分。

（6）禁止测量高压带电设备。

（7）钳型电流表应保存在干燥的室内，使用前要擦拭干净。

三、使用摇表测量绝缘的工作

（1）使用摇表测量高压设备绝缘，应由两人担任。

（2）测量用的导线，应使用绝缘导线，其端部应有绝缘套。

（3）测量绝缘时应注意：

①必须将被试设备从各方面断开，验明无电压，确实证明设备无人工作后，方可进行。

②在测量绝缘前后，必须将被测设备对地放电。

③在测量中禁止他人接近设备。

④测量线路绝缘时，应取得对方允许后，方可进行。

（4）在有感应电压的线路上（同杆架设双回线路或单回路与另一线路有平行段）测量绝缘时，必须将另一回线路同时停电，方可进行。雷电时，严禁测量线路绝缘。

（5）在带电设备附近测量绝缘电阻时，测量人员和摇表安放位置，必须选择适当，保持安全距离，以免摇表引线或引线支持物触碰带电部分。移动引线时，必须注意监护，防止工作人员触电。

思考与练习

1. 低压设备带电作业保证安全的技术措施有哪些？
2. 低压线路带电作业保证安全的技术措施有哪些？
3. 在继电保护及二次回路上作业，关于工作票的填写是如何规定的？
4. 在带电的电流互感器二次回路上工作，应采取哪些安全措施？
5. 电气试验中关于工作票的填写是如何规定的？
6. 电缆作业中的安全规范有哪些？

单元8 城市轨道交通变电站运行管理

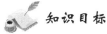

知识目标

掌握城市轨道交通变电站中各设备的运行要求;了解各设备的巡视检查项目、清扫维修项目、异常运行处理要求等。

能力目标

能对城市轨道交通变电中各设备进行常规操作;能对城市轨道交通变电中各设备进行例行巡视、检查和维护;能对故障状态下的设备做出判断和处理。

素质目标

在校内实训过程中,培养学生良好的职业素养和工作习惯;在参与企业实习过程中,培养学生良好的职业道德,树立职业规范意识。

建议学时

16学时。

单元8.1 城市轨道交通变电站供电系统概述

城市轨道交通变电站供电系统由电源的接受和分配系统、直流750V(1 500V)电源的变换和分配系统、牵引网系统、400V动力电源系统四部分组成。

电源系统中的电能来自地方供电局的区域变电站,电压一般为10kV。正常运行时,电源开闭站、牵引站、降压站10kV系统为两路进线同时受电,进线断路器合闸,各带一段母线负荷,母线分段断路器在热备用状态。备用电源自投装置投入运行。给本站作为备用电源的联络线断路器处于热备用状态,给其他站作为备用电源的联络线断路器处于合闸状态,将电送至其他变电站处于热备用状态的联络断路器电缆侧,以备进线电源发生事故时投入使用。

750V(1 500V)直流供电系统是由牵引变压器、整流柜、直流快速开关与牵引网构成的。牵引变压器和整流装置整体称为整流机组,整流机组通过总闸给750V(1 500V)正母线供电,通过负极柜刀闸给负母线供电。正电源通过分闸给接触轨供电,负电源通过回流箱接至走行轨。机车从接触轨受电,通过牵引电动机后由走行轨回流至750V(1 500V)负母线。

750V(1 500V)接触轨是分段供电的,每段称为一个供电区间,一个供电区间的接触轨都由相邻两个变电站双边同时供电。全线路的负极电源是不分段的,也就是说各个变电站的负极是连在一起的。

牵引网系统由馈出线、750V(1 500V)直流配电柜(隧道柜)、接触轨(三轨)、缓冲箱、走行轨、均流箱、回流箱和回流线等组成,其作用是给行进中的电动列车供电。

400V动力电源系统的作用是为城市轨道交通车站、区间等处所的各类照明、扶梯、风机、水泵、制冷机组和通信、信号、防灾报警、自动化、人防工程等设备提供电源。

单元8.2 干式变压器运行技术要求

城市轨道交通变电站中的电力变压器广泛采用干式变压器,作为主要牵引电源(配套整流装置)和动力电源。其优点是:结构简单,维护成本低,占用空间小,能耗低,方便判断故障;缺点在于:干式变压器自身造价高,且受到绝缘材料和散热能力的影响,容量一般不会太大。

一、干式变压器常规运行要求

(1)使用干式变压器,应符合《干式变压器技术参数和要求》(GB/T 10228—2008)。

(2)变压器在额定使用条件下,全年可按额定容量运行。运行允许在其额定电压±5%范围内变动,在此范围内则二次侧可带额定电流。按照运行情况如有必要加在变压器一次侧的电压超过该分接头额定电压5%以上时,需经专门试验或征得制造厂同意,并经上级供电单位批准。

(3)变压器在正常情况下不允许过负荷运行。在事故情况下过负荷运行,过负荷倍数与时间不得超过表8-1的规定。

变压器过负荷状况　　　　表8-1

过负荷倍数	1.2	1.3	1.4	1.5	1.6
时间(min)	60	45	32	18	5

(4)变压器应按下列规定装设温度测量装置:
①30kVA及以上的干式变压器,应将远方过温信号接至主控室。
②干式变压器应按制造厂的规定,装设温度测量装置。

(5)干式变压器各部分温升不得超过表8-2的规定。

变压器绝缘与温升状况　　　　表8-2

变压器的部件	温升限值(℃)	测量方法
高压线圈(F级绝缘)	100℃	电阻法
低压线圈(F级绝缘)	100℃	电阻法
铁芯表面及结构零件	最大不得超过绝缘材料的允许温升	温度计法

(6)变压器允许正常和事故过负荷情况下运行,变压器过负荷运行时,应密切监视运行温度,当变压器过负荷达到报警温度时,应报主管部门并做记录。

(7)变压器冷却装置应按照制造厂的规定进行安装,风扇的附属电动机应有过负载、短路及断相保护。

(8)变压器应有足够的通风,避免变压器温度过高。装有机械通风装置的变压器室,在机械通风停止时,应能发出远方信号。变压器的通风系统一般不应与其他通风系统连通。

(9)变压器应安装反映绝缘情况的在线监测装置,其电气信号应经传感器采集,并保持可靠接地。

(10)变压器室的门应采用阻燃或不可燃材料,并应上锁,门上应标明变压器的名称和运行编号,室内无遮栏,安全距离不够时,门外应挂"止步,高压危险!"的标示牌。

(11)变压器配有保护装置,用熔断器保护时,熔断器性能必须满足系统短路容量、灵敏度和选择性的要求。

(12)变压器投运和停运的操作程序应在现场运行规程中规定,并须遵守下列各项:

①变压器初次投入运行,应空载运行24小时,运行正常后方可带负荷运行。

②变压器停止运行一年及以上,准备投入运行时,应做超期试验,合格后方可投入运行。

③干式变压器在停运和保管期间,应防止绝缘受潮。

二、干式变压器巡视检查项目

变电站内的变压器应装有远方监测装置,集控站配有监视仪表,可以掌握变压器的运行情况。监视仪表的抄表次数由现场运行规程规定。当变压器超过额定电流运行时,应做好记录。无人值班变电站的变压器应在每次定期检查时记录其电压、电流。运行过程中,值班人员禁止用手触摸运行中的树脂浇注式变压器的线圈。

(1)变压器日常巡视检查一般包括以下内容:

①检查电压、电流、温度、有无闪络放电现象、有无异常气味、局部发热、接地是否良好。

②风扇运转正常。

③引线接头、电缆、母线应无发热现象。

④各控制箱和二次端子箱应关严,无受潮。

⑤干式变压器的环氧树脂层应完好无龟裂、破损,外部表面应无积污。

⑥变压器室的门、窗、照明应完好,房屋不漏水,温度正常。

⑦现场规程中根据变压器的结构特点应补充检查的其他项目。

(2)在下列情况下应对变压器进行特殊巡视检查,增加巡视检查次数:

①新装或经过检修、改造的变压器在投运72小时内。

②有严重缺陷时。

③气象突变(如大风、大雾、大雪、冰雹、寒潮等)时。

④雷雨季节,特别是雷雨后。

⑤高温季节、高峰负载期间。

⑥变压器过负荷运行时。

(3)变压器定期检查应包括以下项目,定期检查周期可根据具体情况在现场运行规程中确定。

①外壳及箱沿无异常发热。

②各部位的接地应完好,必要时应测量铁芯和夹件的接地电流。
③各种标志应齐全明显。
④各种保护装置应齐全、良好。
⑤各种温度计应在检定周期内,超温信号应正确可靠。
⑥消防设施应齐全完好。
⑦室(洞)内变压器通风设备应完好。
(4)变压器的外部清扫以及各种控制箱和二次回路的检查和清扫应根据具体情况在现场运行规程中确定。

三、干式变压器异常运行及处理

(1)变压器运行中发现有异常现象时,应用一切方法加以处理,保证供电,并报告电调员,同时将经过情况记录在值班运行日志内。常见的异常情况有:
①温度异常。
②声响异常。
③超过允许负荷。
若发现的异常现象非停用变压器不可,否则不能消除异常,且有威胁整体安全的可能性时,应立即报告电调,申请停电。
(2)变压器有下列情况之一者应立即停止运行。
①变压器声响明显增大或有异常声响。
②有较严重的闪络放电现象。
③运行温度急剧上升。
④变压器冒烟着火。
⑤变压器附近设备着火、爆炸或发生其他危险情况。
⑥变压器的有关保护装置拒动。
(3)当变压器停止运行时,若有带电的备用变压器,应尽可能先将其投入运行。

单元8.3 高压配电装置运行技术要求

高压配电装置是指1kV以上的电气设备,按一定接线方案将有关一、二次设备组合起来,主要包括高压断路器、高压隔离开关、负荷开关、熔断器以及母线和绝缘子等。高压配电装置在变电站中相互配合使用,在电能的转换和消耗中起通断、控制或保护等作用。

一、高压配电装置运行要求

城市轨道交通变电站中的高压开关主要采用真空户内式高压断路器,按照电压等级应用不同一般可分为10kV交流真空断路器、750V(1 500V)直流快速断路器和400V交流小型断路器。真空断路器具有体积小、重量轻、噪声小、易安装、维护方便等优点,尤其适用于频繁操作的电路中。

1. 高压断路器常规运行要求

(1)断路器应有标以基本参数等内容的制造厂铭牌。

(2)断路器基本参数必须满足装设地点的运行工况并留有适当裕度。

(3)断路器的分、合指示器应易于观察且指示正确。

(4)断路器接地金属外壳应有明显的接地标志,接地螺栓不小于 M12 且接触良好。

(5)断路器外露的相应带电部分应有明显的相位漆。

(6)操动机构的配置要求如下:

①根据变(配)电站操作电源的性质。各种断路器(油或真空)的操动机构可选用电磁操动机构或弹簧储能机构;凡新建和扩建的变(配)电站不应采用手动操动机构。

②操动机构脱扣线圈的端子动作电压应满足:低于额定电压的 30% 时应不动作,高于额定电压的 65% 时应可靠动作。

③采用电磁操动机构时,合闸电源在任何运行工况下,均应保证合闸过程中的电源稳定;运行中电源电压如有变化,其合闸线圈通电时,端子电压不低于额定电压的 80%(在额定短路关合电流不小于 50kA 时,不低于额定电压的 85%),最高不高于额定电压的 110%。

(7)10kV 开关柜带电显示器的使用规定。

①凡装有鉴定合格且运行良好的带电显示器,可作为判断线路有电或无电的依据。

②正常操作时,拉开断路器前检查三相监视灯全亮,拉开断路器后检查三相监视灯全灭,即可认为线路无电。

③当断路器由远方操作拉开或事故掉闸后,带电显示器三相监视灯全灭,即可认为线路无电。

④带电显示器应在每天巡视中进行检查,如线路有电而其三相监视灯有一相或多相不亮时应及时处理、更换;在未恢复正常前,该带电显示器不得作为验电依据。

2. 高压隔离开关运行要求

(1)隔离开关允许在额定电流、额定电压下长期运行,与导体的连接头在运行中的温度不应超过 70℃,应隔离开关没有专门的灭弧装置。因此,严禁带负荷进行分、合操作。

(2)满足热稳定要求。

(3)隔离开关在断开位置时,带电与停电设备之间应有足够的安全距离。

(4)机械闭锁装置不在闭锁状态。

(5)分合迅速,避免用力过大产生冲击。

3. 高压负荷开关运行要求

(1)机械闭锁装置不处于闭锁状态。

(2)手动操作时,合闸时要迅速,但须避免用力过大产生冲击;分闸时要迅速果断,以便尽快灭弧。

(3)载流体、引线及各接触点有无过热现象。

(4)瓷绝缘件有无闪络、裂纹及瓷件污秽情况。

(5)操动机构是否正常。

(6)真空负荷开关的真空灭弧室部分是否正常。

(7)SF_6共体式环网单元负荷开关,检查SF_6气压是否正常。

4.高压熔断器运行要求

(1)保护用高压熔断器的熔丝管应完整,无破损裂纹,导电部分应接触良好;保护环不应缺少或脱落。

(2)带有动作指示器的熔丝管及环网单元中与负荷开关脱扣器配合使用熔丝管的安装,应符合产品生产厂家规定。

(3)高压跌落式熔断器的熔丝管有无膨胀变形,上、下接触点接触是否良好。

5.母线、绝缘子运行要求

(1)软母线不应有背扣、断股、松股及明显损伤,矩形母线弯曲处不应有裂纹,应光洁平整,管形母线不应有变形、扭曲或明显的弯曲,母线引下线不得绑接或使用并沟线夹,铜铝过渡接头无严重腐蚀现象。

(2)硬母线在适当处应装伸缩接头,接头软连接应完整,无断裂。

(3)导线、母线金具及支持绝缘子法兰应完好、无裂纹、锈蚀现象,金具连接处销子应齐全、牢固,瓷瓶应清洁、无破损、裂纹和放电痕迹。

(4)母线应有相位标志及组号。

(5)新母线运行前应做3次合闸冲击试验。

(6)铜铝连接必须使用铜铝过渡的方法,室外铜与铜的连接必须在压接的两面镀银或镀锡,室内铜接触面至少有一面镀银或镀锡。

(7)接头电阻值不应大于同长度母线电阻值的1.2倍。

(8)多层矩形硬母线,其中间应留有与母线厚度相同的间隙,母线固定金具与母线之间应有1~1.5mm的间隙。

二、高压配电装置巡视检查项目

1.断路器巡视检查项目

(1)断路器的位置指示与实际位置状态应一致,小车的位置指示灯及带电显示器的显示与设备实际状况一致。

(2)弹簧储能机构已储能,储能指示灯亮。

(3)开关柜内无放电、电机转动、振动等异常声音,当听到真空断路器灭弧室发出"咝咝"声时,可判断内部真空损坏,断路器需要停运。

(4)各种仪表指示数值正常。

(5)控制、保护、操作、储能二次电源是否正常。

(6)进线和联络的联锁压板,是否与进线和联络的停送电情况相符合;母联备自投压板(转换开关)的投退状态,是否与母联柜的备自投投入指示和一次系统运行方式相符;合环压板(或转换开关)是否在退出位置。

(7)开关柜的前后柜门应锁好,观察孔关闭严密。

(8)高压出线电缆头、各种母排连接处无过热、放电、异味和异常声响,电缆孔洞应封堵完整。

(9)防火封堵和防小动物设施是否良好。
(10)核对断路器的累积跳闸次数是否超过规定。

2. 其他高压配电装置的巡视检查项目

(1)高压配电装置的操作走廊、维护走廊等均应铺设绝缘垫。通道上不得堆放杂物。
(2)所有瓷绝缘部分(包括瓷瓶、瓷套管等)应无掉瓷、破碎、裂纹以及闪络放电痕迹和电晕现象。瓷绝缘表面应清洁,涂有硅脂(油)的瓷绝缘应不超过有效期。
(3)各部位的连接点应无腐蚀及过热现象,监视温度的示温蜡片或变色漆应无溶化或变色现象。
(4)应无异常声响。
(5)隔离开关和负荷开关除按上述的规定内容巡视检查外,还应重点巡视检查以下内容:
①触头接触是否良好,有无发热现象。
②操作机构和传动装置是否完整,无断裂。
(6)成套配电装置除本身具有的绝缘性能及工作性能外,还应具有"五防"功能,即:
①防止带负荷分、合隔离开关。
②防止误分、合断路器。
③防止带电挂接地线(或合接地刀闸)。
④防止带地线合隔离开关。
⑤防止误入带电间隔。

三、高压配电装置异常运行及处理

(1)值班人员在断路器运行中发现任何不正常现象时(如有异常声响,分、合闸位置指示不正确等),应及时予以消除,不能及时消除的应立即上报,并记入运行记录簿和设备缺陷记录簿内。
(2)值班人员发现设备有威胁电网安全运行,且不停电难以消除的缺陷时,应及时上报,同时向供电部门和调度部门报告,申请停电处理。
(3)10kV断路器跳闸一律不做试发,经及时查找原因,报电调听候处理。
(4)断路器有下列情形之一者,应申请立即停电处理。
①有闪络放电现象。
②真空断路器出现真空损坏的"咝咝"声、不能可靠合闸、合闸后声音异常。
(5)断路器动作分闸后,值班人员应立即记录故障发生时间,停止音响信号,并立即进行"事故特巡"检查,判断断路器本身有无故障。
(6)断路器故障跳闸实行强送后,无论成功与否,均应加强巡视。
(7)断路器故障跳闸时发生拒动,造成越级分闸,在恢复系统送电时,应将发生拒动的断路器退出运行,待查清拒动原因并消除缺陷后方可投入。

单元8.4 整流柜运行技术要求

在城市轨道交通直流供电系统中,牵引整流机组占有重要作用,它是由牵引变压器和大功率整流器组成的。其中,整流柜将变压器输出的交流电变换为DC750V(1 500V),为机车提供直流电能来源。

目前,变电站内的整流柜采用直流侧电压不可调(需要调节时可调整牵引变压器分接头)的大功率硅整流器,它由主回路系统和保护控制系统两部分组成。主回路是由硅整流管构成的三相桥式整流电路。保护控制系统设置了过电压保护、过流保护等多种完善的保护措施,可靠度较高。

一、整流柜常规运行要求

(1)使用整流柜,应符合《半导体电力变流器》(GB/T 13422—2013)要求的规定。

(2)整流柜在安装和使用时,应设置足够的绝缘距离,以达到安全运行的要求,具体项目如下:

①交流各相间不小于50mm。

②直流正、负极间不小于50mm。

③交、直流之间空气绝缘距离不小于50mm。

④对地空气绝缘距离不小于50mm。

⑤主回路对二次回路及其他设备间空气绝缘距离不小于50mm。

(3)整流柜直流输出端标称电压为750V(1 500V),输出电压应控制在一定范围内。若超过时,应向电调汇报,按电调的命令采取相应的措施。一般情况下,输出电压应符合表8-3的规定。

整流柜输出电压范围　　　　表8-3

最低值	标称值	最高值
500V(1 000V)	750V(1 500V)	900V(1 800V)

(4)整流柜应能100%负载下连续运行;150%过载下持续运行2h;300%过载下运行1min。负荷高峰期间,应加强监视。

(5)整流柜运行温度的最低值为-10℃,停止使用期间的最低温度不低于-40℃;相对湿度:月平均不大于90%(25℃),日平均值不大于95%。

(6)整流柜应设置主回路保护,对整流元件的要求如下:

①采用750V(1 500V)电压等级时,每只硅管反向耐压不低于3kV。

②每只硅管应有极性标志,并且其工作状态要有显示。

③每支桥臂宜采用多只硅管并联,不宜串联。每只硅管均串有快速熔断器。故障时,一个桥臂单只硅元件发故障信号,整流柜正常运行;不同桥臂的两只硅管发故障信号,整流柜正常运行;同桥臂的两只硅管故障时发信号,输入侧变压器断路器和直流侧断路器同时跳闸。

④在直流输出端发生短路时,交流(或直流)开关应正确动作,而整流装置各部分应无损坏,与各整流元件串联作为内部短路故障保护的快速熔断器应不熔断。

(7)整流柜采用温度继电器作为附加保护。当母排温度超过80℃或整流元件散热器温度超过140℃报警;当母排温度超过90℃或整流元件散热器温度超过150℃跳闸。

二、整流柜巡视检查项目

(1)检查整流柜盘面电压表、电流表及温度计指示是否在正常范围内。

(2)检查二极管保护指示灯有无因二极管损坏而发光现象。
(3)检查有无硅元件故障报警、超温报警等现象。
(4)整流柜运行时有无异常声响。
(5)通过观察窗检查整流柜内部元器件固定是否良好,有无异常。
(6)防火封堵和防小动物设施是否良好。

三、整流柜异常运行及处理

(1)遇机组开关掉闸或快速保险熔断,需立即汇报电调听候处理。
(2)硅元件故障排除后,恢复送电前,应先恢复信号,并且显示正常。
(3)禁止使用兆欧表(摇表)测硅管。
(4)更换硅管时应检查参数是否匹配。

单元8.5 DC 750V(1 500V)直流开关设备运行技术要求

DC 750V(1 500V)牵引供电系统中的一次设备主要为直流快速开关以及电动隔离开关组成的成套开关柜,其具备绝缘水平高、维护简单方便,适用于倒闸操作频繁的工况中。

一、DC 750V(1 500V)直流快速开关常规运行要求

(1)正常运行时,直流开关的"就地/远方"转换开关,应放在"远方"位置。
(2)开关本体应具有明显的合、分闸指示。
(3)直流开关柜主回路部分与控制部分之间应有明显距离,控制回路部分要固定牢固。
(4)加热器小开关在湿度70% RH 及以下分,湿度80% RH 及以上合。
(5)直流快速开关合闸过程中,保护装置对线路的测试判断功能应完好。
(6)直流快速开关跳闸,计数器能正确计数,故障灯应亮。
(7)直流快速开关工作状况正常时,严禁使用直接合闸按钮。只有直流快速开关小车在试验位置上,才可使用直接合闸按钮。
(8)当直流馈线电缆故障或检修作业时,必须将直流快速开关小车摇至试验位(冷备用)或将直流快速开关小车拉至检修位,拉出、推入直流快速开关小车须平稳、无冲击。
(9)750V(1 500V)直流快速开关要定期做绝缘测试和耐压测试,主要指标有:
①主回路用1 000V 兆欧表测量阻值不低于50MΩ,控制回路用500V 兆欧表测量阻值不低于5MΩ。
②框架绝缘对地电阻应大于1MΩ。
③主回路耐压试验:交流50Hz、4 200V、1min。
④过电压倍数:过电压峰值不大于2.5倍最高工作电压。

二、DC 750V(1 500V)直流设备巡视检查项目

(1)根据运行状态方式检查保护压板和指示灯是否正确。
(2)检查开关柜总闸开关,正、负母线刀闸,分闸开关、旁路电隔的位置指示灯,保护压板

与一次系统运行方式相符。

（3）检查控制保护、操作二次电源是否正常，"就地/远方"方式开关是否在指定位置。

（4）检查750V（1 500V）电压是否在正常电压范围之内，在列车进出站时馈出开关柜电流是否有变化。

（5）检查微机保护装置的电源指示灯是否点亮，液晶屏背景灯是否能正常点亮，报警等有无告警指示，通信指示灯是否闪烁，状态指示灯与设备运行状态是否相符。

（6）直流配电柜电隔位置指示灯是显示闭合红灯亮，"就地/远方"方式开关是否在指定位置，接触轨有压指示灯是否点亮。从观察窗查看母排、电缆终端头连接点有无过热变色，终端头、接地线有无脱落、断股等。

（7）排流柜控制电源指示灯是否正常，检查各回路保险是否接触良好，故障报警灯有无点亮，综合监控装置工作及通信LED灯是否正常点亮，有无故障报警显示。

（8）继电器外壳有无破损，长期带电的继电器接点有无大的抖动，声音是否正常。

（9）有无继电器发热冒烟以及烧焦等异常气味。

三、DC 750V（1 500V）开关异常运行及处理

（1）当过负荷运行或带缺陷运行时应加强巡视，注意设备有无异常声响、气味等。

（2）750V（1 500V）快速直流开关出现下列情况之一者，应立即报告电调，等待处理：
①馈线开关小车位置信号故障。
②馈线开关保护装置故障。
③馈线开关机械操作机构故障。
④馈线开关保护装置通信故障。
⑤馈线开关馈线电缆超温跳闸，等待馈线电缆温度回落到设定值后，开关应自动重合闸。

（3）750V（1 500V）馈出开关掉闸。若重合闸未动，经电调允许，可试发一次，试发时应注意监视电流表，若指示不正常，应立即停下开关；若重合或试发未成功，报电调听候处理。

（4）因操作电源失电，引起直流进线断路器掉闸及馈出断路器全部掉闸时，待操作电源恢复后，可将直流进线断路器和馈出断路器发出，事后报告电调。

四、DC 750V（1 500V）电动隔离开关运行要求

（1）隔离开关只能在线路已被断路器断开的情况下才能进行操作，严禁带负荷操作。

（2）隔离开关和相应的断路器之间，应装设机械或电气联锁装置，以防止操作。

（3）当隔离开关出现分、合闸故障时，应首先排除联锁关系方面的原因，不可随意解除联锁。

（4）隔离开关异常运行及事故处理。
①隔离开关及引线接头温度超过80℃时，应及时上报并加强巡视。
②隔离开关拉不开时，不得强行操作，应检查原因并上报进行处理。
③如发生带负荷拉隔离开关，在刀片刚离开刀口发生弧光时，应立即将隔离开关合上；但已拉开时不准再合，立即报调度及有关部门。
④发生带负荷合隔离开关，无论是否造成事故，均不准将错合的隔离开关再拉开，立即报

有关部门,进行处理。

⑤发现下列异常运行时,应迅速减轻负荷,利用适当的断路器或经备用母线上的开关转移负荷来减轻发热程度,并在停止运行后进行检修。

a. 接触部分过热。

b. 绝缘部件破裂。

c. 绝缘部件表面严重放电。

⑥电动隔离开关分、合失灵应检查。

a. 控制熔断器和电动机电源熔断器是否熔断,电动机电源是否缺相等。

b. 限位开关是否失灵,合、分闸回路是否断线或接触不良。

c. 拉杆是否折断、轴销子是否脱落。

单元8.6　电压、电流互感器运行技术要求

互感器是交流供电系统中对一次系统的设备运行进行监视、测量及保护的重要设备,是工作人员掌握设备运行情况的重要参考依据。城市轨道交通变电站中的电压互感器(PT)一般采用三相五柱式电压互感器,二次线圈接成星形及开口三角形,分别供给绝缘监察电压表和继电器,其优点是投资小、接线简单、操作及运行维护方便;电流互感器(CT)一般采用树脂浇注式电流互感器,当发生接地故障时,电流互感器的二次侧感应电压执行元件动作,带动脱扣装置,切换供电网络,达到接地故障保护的目的。

一、电压互感器常规运行要求

(1)电压互感器必须满足仪表、保护装置对容量和精确度等级的要求,二次应满足带额定负荷,不允许过负荷运行。

(2)电压互感器运行中一次电压不得超过额定值的120%。

(3)电压互感器一次侧应装有合格的熔断器,二次侧安装熔断器或空气断路器。

(4)运行中电压互感器二次回路不准短路,应可靠接地,以防烧毁二次线圈。

(5)当电压互感器停电时,应断开电压互感器二次回路,以免从二次侧反充电,危及人身及设备安全。

(6)停用电压互感器或拉下二次小开关时,应考虑其所接的继电保护装置及自动装置是否会发生误动作,两组电压互感器二次侧之间不能有电的联系,以防反送电。

(7)运行中要检查有关表计工作是否正常,电压互感器应无闪络放电和不正常的震动。

二、电流互感器常规运行要求

(1)电流互感器应按铭牌规定值运行,二次负载不得超过铭牌规定值。

(2)运行中电流互感器二次侧不准开路。二次侧必须可靠接地,以防铁芯过饱和产生高电压,威胁电气设备及工作人员的安全。

(3)当保护和仪表共用一套电流互感器,表计线路上有人工作时,必须将表计本身端子短接,不能使电流互感器开路及保护短路。一般做法是:电流互感器二次先接保护,后接表计。

(4)电流互感器的动、热稳定电流应满足安装地点的最大短路电流的要求。

(5)进行更换互感器和变更二次回路等,与继电器保护和计量有关工作时,应通知专业人员,经试验和传动无误后方可投入运行。

三、互感器巡视检查项目

(1)互感器正常运行巡视检查内容如下:
①瓷瓶、套管应完好,无裂纹及放电痕迹。
②电流互感器一次侧接头应无过热。
③互感器投入运行后应检查表计指示是否正常。
④互感器本身无异音,无严重渗、漏油。

(2)互感器发生下列异常情况时、应立即上报:
①内部有异音或放电声。
②套管破裂或闪络放电。
③有异味和跑油、冒烟。
④电压互感器二次输出异常。

(3)10kV及以下电压互感器高压熔断器发生一相熔断时,经外观检查无异常,应立即更换熔断器并试发,试发不成功或熔断两相及以上时,不可立即试发,应对故障互感器进行绝缘摇测检查,无问题后方可恢复运行。

(4)小电流接地系统发生接地故障时,电压互感器允许运行时间为2h(制造厂有规定者除外)。

(5)发现电流互感器有异常声音或二次回路有打火现象,应进行分析,判定为二次侧开路时,应减少一次负荷,原则上安排停电处理,退出有关保护,或设法将开路点短接。

(6)当发现仪表有明显异常指示时,应立即查找原因,判断是否为互感器故障引起,迅速处理。

单元8.7 400V电力电容器运行技术要求

在城市轨道交通供电系统中,400V母线配置了电力电容器组。电容器组具有自动投切功能,为400V母线提供无功功率,改善系统功率因数,提高受电端母线的电压水平。同时,电容器组减少了线路上感性无功的输送以及电压和功率损耗,达到了节约电能的目的。

一、电力电容器常规运行要求

(1)电容器在额定使用条件下全年按额定容量运行。

(2)长期运行中,工作电压不能超过电容器额定电压的1.05倍,工作电流不能超过电容器额定电流的1.3倍。

(3)功率因数控制在0.85~0.95范围内。在正常情况下,电容器为自动控制。当功率因数控制器故障时,由自动控制改为手动控制。

(4)电容器室应有足够的通风,夏季中应保持电容器的环境温度不超过40℃,以保持散热良好。
(5)电容器的外壳和柜体均应有可靠接地措施。

二、电力电容器巡视检查项目

(1)电容器组的正常巡视检查应与变电站配电装置巡视检查同时进行。
(2)电容器组正常巡视检查的内容如下:
①指示灯应正常,有无异常的声响和火花。
②观察电容器外壳有无膨胀(鼓肚现象),电容器是否渗、漏液。
③观察各相电流、功率因数表是否正常,有无不稳定及激增现象。
④母线电压的变化情况,自动投切装置动作情况。
⑤每天最后一次巡视,应检查电容器无过热、烧焦痕迹,电器元件、接线端无异常。

三、电力电容器异常运行及处理

(1)电容器发生下列情况时,应立即退出运行:
①电容外壳膨胀或漏油。
②套管破裂发生闪络火花。
③电容器内部声音异常。
(2)电容器出现以下情况时,需按照程序进行处理:
①当电容器爆炸时,应立即断开电源,并用干式灭火器灭火。
②当电容器的断路器跳闸时,应向电调汇报,待检修人员全面检查后方可投入运行。
③当电容器熔断器熔断时,应向电调汇报,待取得同意后再拉开电容器的断路器。
④当电容器自动补偿装置仪表失灵时,可以改为手动投入电容补偿,增加巡视次数。
⑤当电容器接头严重过热,电容器套管严重放电等情况时,应立即切断电源,退出运行。

单元8.8 防雷保护装置运行技术要求

城市轨道交通变电站设有防雷保护装置。在变电站进线和母线之间设置避雷器,目的是有效防止变电站内部的过电压以及大气过电压;在地面设备与隧道内设备交界处设置避雷器,目的是为了有效防止雷电进入隧道,进一步保护隧道中的电气设备。在选择避雷器的时候,应该根据变电站的实际情况进行选择,设置好计数器,并且时刻观察避雷器的状态。

一、防雷保护装置常规运行要求

(1)防雷保护装置应符合下列基本要求:
①能长期承受系统的持续运行电压,并可短时承受可能经常出现的暂态过电压。
②在过电压作用下,其保护水平满足绝缘水平的要求。
③能承受过电压作用下产生的能量。
④过电压产生后,能迅速恢复正常工作状态。
(2)防雷保护装置的正常使用条件:

①适合于户内、外运行。
②环境温度为 40～-40℃。
③可经受阳光的辐射。
④海拔不超过 1 000m。
⑤长期施加的工频电压不超过防雷器的持续运行电压。
⑥地震烈度 7 度及以下地区。
(3)防雷装置必须按试验规程进行试验,合格后方可投入运行。

二、防雷保护装置巡视检查项目

(1)防雷保护装置的清扫检查应与配电装置或电力线路的清扫检查同时进行。
(2)防雷保护装置巡视检查内容。
①避雷器外绝缘应清洁完好,无裂纹及放电痕迹。
②避雷器引线连接螺丝及结合处应严密无裂纹。

三、防雷保护装置异常运行及处理

(1)发现避雷器有下列情况,应及时上报:
①内部有异常音响及放电声。
②外瓷套破裂或放电闪络。
③引线接触不良。
(2)避雷器发生下列故障时需要切断回路:
①避雷器爆炸、冒火、冒烟。
②避雷器套管破裂并有严重放电。

单元 8.9　接地装置运行技术要求

接地装置是指电气设备或其他物件和地之间构成电气连接的设备,主要由接地极、接地母线、接地引下线及构架接地组成。城市轨道交通变电站交流供电系统利用地下框架结构作为共用自然接地体,从而实现变电站内各设备金属底座和外壳与地保持等电位连接。

一、接地装置常规运行要求

(1)接地装置应包含电网的工作接地、电气设备的保护接地及防雷保护的接地。
(2)保护接地的一般范围:
①电机、变压器、照明器具、携带式或移动式用电器具、其他电器的金属底座和外壳。
②配电、控制和保护用的盘(台、箱)的框架。
③交、直流电力电缆的构架、接线盒和终端盒的金属外壳、电缆的金属护层和支架。
④电流互感器和电压互感器的二次线圈。
⑤工作电压超过安全电压而未采用隔离变压器的手持电动工具或移动式电气设备的外壳等。

⑥铠装控制电缆的外皮。
⑦非铠装或非金属护套电缆的屏蔽芯线。
⑧民用电器的金属外壳,如:电风扇、洗衣机和电冰箱等。
(3)防雷接地。
①防雷保护装置的接地引下线应用独立接地线与主接地网连接,不得与电气装置保护接地串联接地。
②变电站的防雷装置的接地引下线可与变压器的工作接地和保护接地共同接在接地装置上。

二、接地装置巡视检查项目

(1)接地装置检查周期。
①变电站的接地网一般每年检查一次。
②车间电气设备的接地引线及中性线,每年至少应检查两次。
③各种防雷装置的接地线每年(雨季前)检查一次。
④手动、电动工具及移动式电气设备的接地线,在每次使用前应进行检查。
⑤接地电阻一般1~3年测量一次。
(2)接地装置检查内容。
①检查接地线与电气设备的金属外壳、接地网等连接情况是否良好,有无松动、脱落等现象。
②检查接地体是否完整。
③检查接地线有无损伤、折断及腐蚀现象。
④设备每次检修后,应检查接地线是否连接牢固。
⑤对移动式电气设备的接地线,每次使用前检查接地情况,观察有无断股等现象。

三、接地装置异常运行及处理

运行中的接地装置发现有下列情况时,应进行维修:
(1)接地线连接处接触不良和脱焊。
(2)接地线与电力设备连接处的螺栓松动。
(3)接地线有机械损伤、断股或化学锈蚀。
(4)接地体因外力影响露出地面。
(5)接地电阻值超过规定值。

单元8.10 排流柜运行技术要求

排流柜设在牵引变电站内,是给泄漏的杂散电流提供流向牵引直流电源负极的装置,与其他技术措施一起能有效防止杂散电流对隧道内金属设备、隧道结构钢筋的电腐蚀破坏。

一、排流柜常规运行要求

(1)排流柜应具有自动控制排流的功能。

(2)排流柜应有信号指示和仪表。
(3)排流柜一般情况共有4组支路,其4组支路的馈线电缆分别连接车站上、下行两端区间隧道排流网。
(4)防迷流采集接线盒运行要求:
①接线盒外壳无灰尘、干燥。
②接线盒安装牢固,不可受重力撞击。
(5)防迷流系统监测电缆的运行要求:
①监测点测量线的截面面积不应小于2.5mm², 长度不宜超过10m,并应具有工频2kV以上的绝缘耐压水平。
②各监测点测量线连接点应连接可靠,接线正确。
③标示牌设置位置是否正确、字迹清晰。
(6)电位测量箱的运行要求:
①电位测量箱安装平整牢固,箱体如有松动,应紧固固定箱体的膨胀螺丝;箱体外形应平整,如受过重力撞击,应开启箱门,重点检查内部电器元件是否受损;引入线、引出线须完好,导线如有破损、断股应包扎或更换,引入线、引出线穿孔螺帽应压紧密封防雨水侵入。
②箱内应无尘、干燥,门锁、铰链保持完好与润滑。
③定期采集杂散电流数据,建立防迷流技术档案。
(7)参比电极的运行要求:
①定期采集杂散电流数据,测量前要保持电极端面与安装面的相对平整和湿润。
②接线盒至电极引出线、钢结构及迷流网连接线的电接触必须良好可靠,以免引起测量误差。
③参比电极本体应无渗漏液,并定期添加降阻剂。

二、排流柜巡视检查项目

(1)排流柜的运行检查:
①排流柜的仪表指示正确,信号指示灯完好。
②排流柜风扇运转正常,无异常声响。
③排流柜一次回路连接正常。
④对柜内分流器、电阻、电容二次接线端子进行检查。
⑤每年检查一次排流柜至隧道区间内迷流网排流电缆连接情况。
(2)排流装置的维护:
①排流柜应每年清扫两次,清扫内容按照检修流程进行。
②排流网应每年检查一次。

单元8.11 低压配电装置及低压电器运行技术要求

在城市轨道交通变电站供电系统中,400V配电系统由低压配电装置及低压电器组成,为城市轨道交通车站、区间等处所的各类照明、扶梯、风机、水泵、制冷机组和通信、信号、防灾报警、自动化、人防工程等设备提供电源。低压电器主要分为低压断路器、交流接触器、刀开关以及继电器和熔断器等,该系统具备过流、短路等保护功能,为供电安全提供保障。

一、低压配电装置及低压电器常规运行要求

(1)低压配电装置应统一编号,配电盘的前后编号必须一致。

(2)低压主母线及分母线的相色应涂以黄、绿、红或相位标签,零线应涂以黑色或标签,接地线应涂以黄绿相间色或标签。

(3)低压控制电器的额定容量应与受控负荷的实际需要相适应,各级电器保护元件的选择和整定均应符合动作选择性的要求。

(4)低压配电装置的指示仪表及指示信号灯,均应齐全完好,仪表刻度和互感器的规格应与用电设备的实际相符合。

(5)设备的控制把手、按钮等"合"、"断"、"锁定"、"进出"的指示应与实际状态相对应。

(6)低压配电柜的一、二次回路接线正确,无松动紧固。

(7)低压配电装置的各项技术参数需满足运行的需要。低压配电装置所控制的负荷必须分路,避免多路负荷共用一个开关控制。

(8)凡装有低压电源自投系统的配电装置,应定期进行传动试验,检验其动作的可靠性,在两个电源联络处,应有明显标志。

(9)低压配电装置的操作走廊、维护走廊均应铺设绝缘垫。通道上不得堆放杂物。

(10)低压配电装置室内应有固定式照明,灯具齐全完好,开关应设在出入口。有重要负荷和重要用电场所的配电装置室应设应急照明和事故照明。

二、低压配电装置及低压电器巡视检查项目

(1)检查仪表信号、开关位置状态的指示应对应,三相电流、三相电压指示正确。

(2)检查各个开关分、合闸位置是否正确,各出线开关有无跳闸。

(3)查看母排、电缆终端头连接点有无过热变色。开关柜内部有无异常声响。

(4)继电器外壳有无破损,长期带电的继电器接点有无大的抖动,声音是否正常。

(5)检查 PLC 指示、微机保护装置指示是否正常。

(6)整个装置的各部位有无异常响动或异味、焦煳味;装置和电器表面是否清洁完整。

(7)设备发生故障后,重点检查熔断器及保护装置的动作情况,以及事故范围内的设备有无烧伤或毁坏情况。

三、低压配电装置和低压电器清扫维修项目

(1)低压空气断路器故障掉闸后,按生产厂家说明书检修触头及灭弧栅,清除内部灰尘和金属细末及碳质。

(2)带负荷切合的低压刀闸,每半年应检查一次触头。

(3)空气断路器及交流接触器的主触头压力弹簧是否过热失效,否则更换备件。

(4)检查空气断路器与交流接触器的动、静触头是否对准,三相是否同时闭合,并调节触头弹簧使三相一致。

(5) 检查空气断路器的触头及交流接触器的触头接触压力,检查动、静主触头断开后的距离,均应符合生产厂家的规定。

(6) 检查空气断路器的触头及空气断路器的触头,如果磨损厚度超过1mm时,应更换备件。被电弧烧伤严重者,应进行磨平打光。

(7) 检查空气断路器的电磁铁及交流接触器的电磁铁吸合是否良好,有无错位现象。若短路环烧损则应及时更换,吸合线圈的绝缘和接头有无损伤或不牢固现象。

(8) 校验交流接触器的吸引线圈,在线路电压为额定电压值的85%～105%时,应能可靠工作;当电压低于额定值的40%时,应能可靠释放。

(9) 校验空气断路器的分励脱扣器及失压脱扣器,在线路电压为额定电压值的75%～105%时,应能可靠工作;当电压低于额定值的35%时,脱扣器应能可靠释放。

(10) 对无填料式熔断器,每半年应做一次紧固触点的检查,插座刀口应涂导电膏,熔断器事故动作后,应检查熔管内的烧损情况,清除积炭,必要时更换备件。

(11) 检查低压电器的辅助触点有无烧损现象,通过的负荷电流有无超过它的额定数值。

(12) 检查空气断路器和磁力启动器在热元件的连接点处有无过热现象,热元件的环境温度与被保护设备的环境温度是否一致。

(13) 检查熔断器的熔丝与实际负荷是否配合。

(14) 对装有电源联锁的低压电源,应做传动试验。

四、低压配电装置及低压电器异常运行及处理

(1) 低压母线和设备连接点超过允许温度时,应迅速停下次要负荷,以控制温度上升,然后再停缺陷设备进行检修。若遇异常现象时,除做紧急停电外,应报告电气主管上级。

(2) 各种电器触头和接点过热时,应检查触头压力或紧固程度,消除氧化层,打磨接点,调整压力,拧紧连接处。

(3) 电磁铁噪声过大,应检查铁芯接触面是否平整、对齐,有无污垢、杂质和铁芯锈蚀,检查短路环有无断裂,检查电源电压是否降低等,然后采取检修措施。

(4) 低压电器内发生放电声响,应立即停止运行,取下灭弧罩或外壳,检查触头接触情况,并摇测对地及相间绝缘电阻是否合格。

(5) 如灭弧设备损坏或掉落,即便是一相,也应停止该设备运行,待修复后方准使用。

(6) 三相电源发生缺相运行或电流互感器二次开路时,应及时停电进行处理。

(7) 使用不同型号的空气断路器发生越级掉闸时,应校验定值配合是否正确。

(8) 当400V进线开关遥控操作时开关合不上时,值班人员根据电调的命令改用就地电动合闸。

(9) 当400V进线开关遥控、就地操作都不能分闸时,值班人员根据电调命令退出母联开关的自切功能并切断上一级电源,汇报电调,联系检修处理。

(10) 当低压配电柜冒烟时,值班人员应迅速切断故障点,如果短时间内不能确定,应将400V分段自动/手动开关放在手动位置,并切断400V进线开关防止事故扩大。断电后,值班人员应迅速查找隔离故障点,汇报电调,在得到电调同意后再送上400V进线开关。

(11) 当低压配电柜抽屉自动断路器跳开关后,值班人员应检查开关,开关连接线桩头,确

认无故障,并用500V摇表测量出线绝缘正常后,方可送电。

(12)将事故发生处理过程,详细记录在运行记录上。

(13)开关分闸操作后,信号屏上未发生变位,可将开关退出至检修位,再投入。

单元8.12　变电站操作电源运行技术要求

变电站中为二次设备供电的电源,称为操作电源。操作电源的供电应十分可靠,它应保证正常和故障情况下都不间断供电。操作电源有直流和交流两种,除一些小型变电站采用交流操作电源外,一般变电站均采用直流操作电源。城市轨道交通目前广泛采用220V直流操作电源,且并联专门的蓄电池组,以备紧急情况下使用。

一、交流屏400V电源系统常规运行要求

(1)检查表计是否正确良好。检查监视灯、信号指示灯是否正确,蜂鸣器是否完好。

(2)各操作部件。控制熔断器、开关,切换开关、连接片必须都在正确位置,并且接触良好。

(3)应定期清扫二次线端子排、表盘、继电器外壳,但注意要严防误碰设备。巡视检查各二次接线端、继电器触点、线圈外观是否正常。

(4)若进线开关自动跳闸或接触器自动切换,应检查动作情况并查明原因,及时上报电调、段调及相关人员。

(5)交流操作电源的两路进线应取自不同段的低压母线。

(6)进线电源应监视三相电流的变化。当交流进线电源进行切换时,应有音响示警。

二、直流220V电源系统常规运行要求

(1)直流屏的交流400V电源由交流屏400V小母线提供一路交流供电,经过控制模块和浮充模块分别向控制母线和合闸母线提供直流电源。

(2)蓄电池柜、直流屏室应当保持清洁干燥,并保持良好的通风。严禁金属物落入蓄电池柜内,蓄电池严禁短路。变电站运行期间,严禁将蓄电池退出运行。

(3)直流电源屏正常工作时,浮充的充电电压应在240~245V之间。控制母线电压应保持在220(1±5%)V范围内。电压过高会造成设备损坏或引起绝缘老化;电压过低会使保护及自动装置拒动或降低其动作灵敏度。

(4)直流电源屏上表计、信号灯具完好,各操作把手操作无卡阻,接触器、继电器的触点接触良好,无过热及放电现象。

(5)定期检查直流电源屏表计是否正常,检查直流系统正、负极对地绝缘应良好。经检查如发现直流系统一点接地,及时汇报调度,两点接地时不允许继续运行。

(6)直流屏一路400V交流电源来自于交流屏400V交流小母线上,正常情况下,直流屏交流400V进线开关在合闸位置。

(7)直流设备的运行情况,电池的充、放电及异常情况应做好记录。

(8)对直流设备的表计应加强监视,浮充电流需及时进行检查和调整。

三、直流电源系统蓄电池常规运行要求

(1) 对蓄电池的要求:
① 蓄电池应有编号,连接线应有正确明显的正负极标志。
② 蓄电池连接引线无松动、无腐蚀,蓄电池的外壳、固定支架和绝缘物表面应清洁。
③ 蓄电池壳体无破裂、无漏液、无爬碱(碱电池)。
④ 铅酸蓄电池极板无弯曲、无变形、活性物质无脱落、无硫化、极板无腐蚀,极板颜色应正常。
⑤ 允许补水的铅酸蓄电池和碱性蓄电池外壳上部应标有液面最高、最低监视线。

(2) 蓄电池组正常运行时,不能处于过充或欠充状态。

(3) 蓄电池正常浮充运行时,控制母线的电压应高于额定值。

(4) 正常浮充状态下,充电装置应工作在稳压状态,浮充运行的蓄电池电压应保持在厂家的规定值内,并列入现场运行规程。

(5) 装有两组蓄电池的变电站,正常时两组蓄电池均浮充运行,蓄电池应定期退出运行,进行均衡充电、核对性充放电。

(6) 每月普测电压:铅酸蓄电池每月普测一次单体蓄电池的电压,每周测一次代表电池的电压;碱性蓄电池每月普测一次单体蓄电池的电压,每周测一次代表电池的电压;阀控密封式铅酸蓄电池每周测一次电池的电压。

(7) 充电装置不具备自动均衡充电功能时,当出现以下情况,运行人员应进行均衡充电:
① 新电池投运前。
② 每季定期应进行一次均衡充电。
③ 电池由于失去浮充,造成蓄电池放电,放出容量超过电池容量的5%时;其他电池均衡充电的方法按制造厂的规定执行。

(8) 铅酸蓄电池的初充电及首次放电,应按产品技术条件的规定进行,不得过充、过放。

(9) 初充电前应对蓄电池组及其连接线的连接情况进行检查:
① 初充电期间,应保证电源可靠,不得随意中断。
② 采用恒流充电法充电时,其最大电流不得超过规定的允许最大电流值。
③ 采用恒压充电法充电时,其充电的起始电流不得超过允许的最大电流值,单体电池的端电压不得超过2.4V。
④ 蓄电池初充电结束后其充电容量应达到产品技术条件的规定。
⑤ 蓄电池组首次放电终了时应符合下列要求:
a. 电池的最终电压应符合产品技术条件的规定。
b. 不合标准的电池的电压不得低于整组电池中单体电池的平均电压的2%。
c. 电压不合标准的蓄电池数量,不应超过该组蓄电池总数的5%。
⑥ 首次放电完毕后,应按产品技术要求进行充电;蓄电池组在5次充、放电循环内,当温度为25℃时,放电容量应不低于10h率放电容量的95%。
⑦ 蓄电池充好电后,在移交运行前,应按产品的技术要求进行使用与维护。
⑧ 镉镍蓄电池充、放电应按产品的技术要求进行,并应符合下列要求:

a. 初充电期间其充电电源应可靠。
b. 初充电期间室内不得有明火。
c. 充电结束后,应用蒸馏水或去离子水调整液面至上液面线。
d. 蓄电池充好电后,在移交运行前,应按产品的技术要求进行使用与维护。

四、交直流操作电源巡视检查项目

(1)检查交流屏两路三相交流电输入电压是否在正常范围,两路电源输入开关及各路馈出开关是否在合位。

(2)交流电源互投装置的模式扳把是否在自动位置,交流屏主回路工作电源与交流互投装置上的指示是否一致。互投装置有无故障灯指示。

(3)检查逆变电源交流输入、逆变器工作及静态开关工作电源绿色LED灯是否点亮,内部有无异常声响。

(4)直流屏交流电源输入指示灯是否正常,控制母线电压,电流是否在正常范围,运行时直流屏内有无异常噪声。高频整流模块工作是否正常。

(5)直流屏综合监控装置电源的工作状态指示灯是否点亮,装置上液晶屏背景灯是否能正常点亮。

(6)检查电压调节装置选择开关是否在自动位置。直流屏输入开关及各路馈出开关是否在合位。

(7)检查直流系统有无接地现象。

(8)蓄电池外壳应完整,表面应清洁,壳体有无过度膨胀、破裂、漏液,安全阀是否完好。

(9)蓄电池连接引线接触良好,无松动、无腐蚀现象。

(10)监视蓄电池端电压值、单只电池的电压值。

(11)交流屏、直流屏上各种空开、端子排接线接触良好,无过热和烧伤痕迹。继电器外壳有无破损,长期带电的继电器接点有无大的抖动,声音是否正常。

(12)UPS市电和逆变LED绿色指示灯是否显示正常。

(13)UPS配电柜馈出开关无跳闸,输出电压、电流均在正常范围内。

五、操作电源系统异常运行及处理

(1)控制回路异常及处理:控制回路的异常主要有控制、信号回路熔断器熔断和端子排连接松动等。控制回路熔断器熔断后,报警响,熔断器熔断指示弹出,此时值班人员应尽快查明原因(是否有短路点或接地点等),排除故障并及时用同样规格熔断器予以更换。若发现二次端子排松动,则值班人员应及时紧固好。

(2)继电器故障及处理:继电器常见的故障有触点压力不够、接触不良,继电器线圈冒烟、烧毁。对于继电器的故障,值班人员一般不得擅自处理。在做好安全措施的基础上,由专门继电保护检修人员处理。

(3)常用指示仪表异常及处理:指示仪表是运行人员的"眼睛",如果指示有错误会造成运行人员的错误判断。仪表无指示可能有以下情况:

①回路断线,接头松动。

②指示电压的仪表熔断器熔断。

③表针卡死或损坏。

发现以上现象,运行人员应尽快判明问题所在,能自行处理的要及时处理,并于事后报告有关人员,不能自行处理的应及时上报,等候专业人员处理。

单元 8.13 变电站二次系统与继电保护运行技术要求

继电保护及安全自动装置(简称保护)是保证电力系统安全、稳定运行的必备条件和重要组成部分。电力系统中的设备投入运行前,必须先将主保护、后备保护及安全自动装置全部投入运行。

一、二次系统与继电保护常规运行要求

(1)继电保护装置的整定值以继电保护整定书为准。

(2)继电保护装置在更改整定值前,检修人员需向当值的运行人员出示上级管理部门批准的整定值修改单(盖章有效)。在更改整定值后应当记入继电保护记录簿及运行日志中,并由修改整定值的检修人员签名确认保留在站内。

(3)在继电保护装置回路上的工作,只允许继电保护专业人员进行。在紧急事故情况下,运行人员在得到电调许可后,可以进行一些必要的工作,但必须按图进行,事后通知继电保护班,并做好变动原因和变动情况记录。

(4)继电保护装置停用时,运行人员应当根据继电保护班所填写工作票的要求及现场情况,作好必要的安全措施,并向继电保护工作人员交代清楚邻近带电运行设备的情况。继电保护工作结束、工作票终结时,运行人员应向继电保护工作人员问清变动情况(包括索取变动报告),并及时拆除有关二次回路的安全措施。继电保护人员应当将工作内容、发现缺陷及处理情况、存在问题、结论等,记入继电保护记录簿。

(5)继电保护装置和端子排等,应当有明显的标志,不得残缺或破损。

(6)为防止继电保护误动作,对运行中的继电保护装置或在其附近进行钻孔、打洞以及其他可能导致其振动的工作,应当取得主管领导同意,并配合继电保护班做好必要的安全措施。

(7)任何情况下,设备不允许无保护运行,只允许在电调同意的情况下,短时停用其中一部分保护。

(8)当发现运行中的继电保护装置有缺陷威胁设备安全运行时,应当立即汇报电调采取措施。

(9)继电保护装置检修后投入运行前,应当进行仔细的外部检查,其中包括核对整定值,检查各压板及切换开关的位置状态,应当符合继电保护记录簿记载的情况。

(10)当继电保护频繁动作时,应向电调汇报,采取措施,任何人不准随意改变继电保护的整定值。

(11)严禁使用兆欧表对 24V 以下二次线路进行绝缘测试。

二、二次系统与继电保护巡视检查项目

(1)二次回路系统运行前应检查:
①二次线及电缆均应摇测绝缘并合格,控制回路及信号回路传动应正确。
②控制盘、保护盘的模拟线条颜色应符合标准,每列盘的两端应有边盘。
③盘上的设备、二次线及电缆小母线、标号、名称应用色漆标全且与实际设备相符。
④空气断路器、熔断器应完好,熔断器熔体应符合要求,接触牢固可靠。
⑤盘体接地良好,并与接地网连接。
⑥二次线端子排接线应牢固、接触良好。
a. 二次线应清洁、配线整齐。
b. 二次线导线及电缆应无损伤。
c. 二次电缆屏蔽层应可靠接地并符合有关规定。
(2)二次回路系统应与配电装置同时进行巡视检查,巡视检查内容。
①设备盘面表示"合"、"断"等信号灯和其他信号指示应完好。
②熔断器是否熔断。
③刀闸、开关及熔断器的接点处是否过热、变色。
④运行中的手把应与开关的位置、灯光信号、仪表的指示相对应。
⑤手把的连接导线应压接牢固,多股线不应有断股或支出等情况。
⑥手把在盘面上组装牢固可靠,使之在操作时灵活。
(3)二次回路系统应进行定期检查维护。
①二次回路系统定期检查每年至少一次,可结合停电清扫和检修或保护校验进行。
②各部连接点是否牢固。
③控制盘、保护盘及二次回路线的标志、编号等是否清楚正确,不清楚时,应核对后重新描写。
④盘上带有操作模拟板时,应检查与现场电气设备的运行状态是否对应。
⑤检查信号灯及其他信号装置及仪表指示是否正确,失效时应及时更换或检修。
⑥仪表松动或玻璃松动时应检修牢固,密封良好,并应清扫仪表及装置内的尘土。
⑦各种盘面及盘后应定期清扫除尘。
⑧在二次回路系统上进行拆线检查、维护检修工作时,应持有与现场符合的图纸,并做好标记。

三、二次系统与继电保护异常运行及处理

(1)当断路器位置指示灯不正常时,应迅速查明原因,如位置指示使用节能灯具时,在查找、更换过程中应防止灯具短路;如位置指示灯串联电阻断线时,应按原阻值更换,不得任意改变阻值。
(2)仪表无指示或指示不正常时,应查看同一回路仪表有无指示,如同一回路仪表有指示,表明仪表本身有故障;若同一回路仪表无指示或指示不正常,表明二次回路有故障;如熔断器熔断应立即更换,再次熔断应查明原因;若电流回路开路,应及时短接进行处理。

(3)设备异常运行及发生事故时,运行人员应认真监视各种仪表指示情况并做好记录。

(4)无压掉闸回路采用两个低电压启动接点串联时,当其中一个低电压启动元件因正常操作或因事故异常造成低电压启动元件短时失压时,无压掉闸回路可不停用。

单元8.14 变电站综合保护自动化装置运行技术要求

变电站的综合保护自动化装置主要由主监控单元、I/O采集单元、音响报警装置、变电站内通信网络、电源等组成,是实现电力监控的核心设备,对电力安全运行以及智能化控制提供了有力保障。

一、综合保护自动化装置常规运行要求

(1)变电站主监控单元(带液晶显示器的图形显示和操作一体化工控机)。
①严禁未经电调许可关闭、重启主监控单元。
②半年一次检查液晶显示器有无老化、显示不清等状况。
③检查主监控单元运行中有无异常声响;如有发现,及时汇报电调请求关机,排除故障后方可将其投入运行。

(2)I/O采集单元。
①检查I/O采集模块与主板接口有无松动。
②检查I/O采集单元主板与主监控单元接口有无松动。
③检查I/O采集模块指示灯有无异常(电源指示灯不亮、通信指示灯常亮或不亮等)。

(3)音响报警装置。
①严禁将非正常音响报警装置(报警声音过轻或没有、报警声音不规则等)投入运行。
②定期音响报警装置进行检测(按下"试验")。

(4)通信网络。
①检查通信网络各接口是否松动。
②定期检查各通信网线有无外皮损坏、异常弯折等通信隐患,如有及时更换。

(5)电源(冗余电源系统)。
①检查电源模块A、B指示。
②任一电源模块故障退出后,必须尽快将其修复或替换,严禁长时间采用单电源模块供电方式。

(6)参数设置由系统维护工程师负责,其他人员无权擅自更改。

(7)未经允许,严禁在系统各主机上私自安装任何应用软件。

(8)未经允许,严禁在系统各主机上使用任何外带光盘、U盘。

二、综合保护自动化屏巡视检查项目

(1)在上位机上监控本站的一次主接线图,了解本站各系统运行方式,并观察显示器上电压的动态变化。

(2)检查各种灯光、音响信号、监视灯、指示灯是否正常,试验警铃、蜂鸣器是否完好。

(3)了解各二次微机智能设备的运行工况图,掌握站内各保护和监控装置的运行情况,了解各种保护定值。

(4)查阅事件记录和报警记录。通过查阅记录,了解本站一次设备有无操作,有无不正常工作状态及事故跳闸。了解事件发生的具体时间、位置及相应保护的动作情况。

(5)检查自动化、综合监控系统各设备的二次工作电源开关是否正常,有无跳闸。

(6)检查通信处理器、交换机、服务器等设备的电源指示是否良好。观察 LED 显示灯,判断主备网络接口接线是否接触良好。

(7)查看各种空开、端子排接线接触良好,无过热和烧伤痕迹。

(8)自动化电隔控制屏"就地/远方"方式开关是否在指定位置,电动隔离开关 16、26、36、46 及 813、824 指示灯的合分状态是否与 750V(1 500V)系统运行方式相符。

(9)自动化屏内继电器外壳有无破损,长期带电的继电器接点有无大的抖动。

(10)声音是否正常。

(11)室内的温度和湿度是否正常,消防设施是否齐全。

单元 8.15　GIS 设备运行技术要求

在电力工业中,GIS 是指六氟化硫封闭式组合电器,国际上称为"气体绝缘开关设备"。GIS 的优点在于占地面积小,可靠性高,安全性强,维护工作量很小。在城市轨道交通变电站中,环网柜一般采用 GIS 设备,用于分合负荷电流,变压器空载电流,一定距离架空线路、电缆线路的充电电流,与其串联使用的熔断器可以切断短路电流起控制和保护作用,是环网供电和终端供电的重要开关设备。

一、GIS 设备常规运行要求

(1)SF6 开关柜设备房内必须自然通风良好、照明良好、门窗完好,屋顶及墙上无漏渗水现象。

(2)SF6 开关柜面板指示仪表、信号灯必须正确、完好。

(3)三位置开关是只有在无负载状态下进行的分、合操作,严禁带负荷拉、合。

(4)三位置开关与接地开关的单向电气和机械连锁,不得随意解除。

(5)严禁将拒绝跳闸的开关投入运行。

(6)在一般情况下,使用电动分、合闸开关。如发生电动回路故障,应立即汇报电调及分公司调度。开关在必须使用手动分、合闸时,应先确认开关在储能状态及操作机构完好,方可进行。

(7)开关的储能机构应在储能位置。

(8)继电保护装置的电源监视指示应正常完好。

(9)开关在事故跳闸后,应进行详细的检查,并汇报分公司调度。

二、GIS 设备巡视检查项目

(1)设备应无异响,无异味。

(2)设备外壳应无严重锈蚀、油污,应接地的设备接地良好,支架基础应无严重破损和剥落。

(3)防爆口膜片平整,箱体无变形、无异状。

(4)三位置开关和断路器分合闸位置指示器,应与实际状态相符合。

(5)储能弹簧指示应在储能位置,如发现未储能应检查储能电源是否合上。

(6)表计、信号指示灯应工作正常。

①有(来)电显示器应显示良好。

②进线、馈出线有(来)电显示器闭锁接地开关功能应完好。

③SF6气体压力应正常,黄色指示灯亮时,应向电调汇报。

④断路器的负荷电流,应不超过其额定值。

(7)对开关要建立专门的记录,逐台统计其跳闸的次数。

三、GIS 设备异常运行及处理

(1)运行中,开关合不上时,应进行以下检查,然后报告电调处理。

①检查操作机构是否灵活,有无卡住现象。

②检查储能机构是否已储能。

③检查按钮是否接触良好。

④检查闭锁条件是否满足。

⑤检查故障是否已复位。

(2)当巡视中发现开关的 SF6 气体压力不正常报警时,应报告电调和分公司调度,经同意后,将开关停用,由检修人员进行补气。待压力恢复后,开关方能投入。

(3)开关弹簧不能电动或手动储能时,应报告电调和分公司调度,由检修人员进行检修。

(4)在无储能的情况下,确需送电时,应用手动储能,将开关复位。

思考与练习

1. 变电站安全运行"五防"包括什么?
2. 在何种情况下,应对变压器进行特殊巡视检查?
3. 简述 10kV 开关柜带电显示器的使用规定。
4. 简述 750kV(1 500kV)直流快速开关定期绝缘和测试耐压测试的指标。
5. 电压互感器运行时的注意事项有哪些?
6. 电流互感器运行时的注意事项有哪些?
7. 简述接地装置的分类及作用。
8. 简述继电保护装置的作用。
9. 综合保护自动化装置包括哪些单元?
10. 简述城市轨道交通变电站例行巡视检查项目。

单元 9 供电系统调度管理

了解城市轨道交通变电站电调的工作职责;了解电调机构分类和调度范围;了解电调的基本制度。

能对电调的工作内容有初步认识;能承担电调的部分任务。

培养学生具有良好的大局观,锻炼学生的逻辑分析能力和应变能力;使学生具备良好的沟通能力和稳定的心理素质。

建议学时

8学时。

单元9.1 调度管理任务

城市轨道交通供电系统是城市电网的一部分,在服从城市电网统一调度的原则下,系统内部实行"统一调度、分级管理"。城市轨道交通各有关部门应密切协作配合,使城市轨道交通供电系统做到安全、优质、经济运行。

城市轨道交通电调是城市轨道交通供电系统的指挥核心,电调管理的任务是:

(1)领导系统的运行、操作和事故处理,并对系统运行进行组织、指挥、指导并保证系统安全运行。

(2)确保系统供电的电能质量、使负荷分配符合规定的标准并满足用电部门要求,使供电系统优质、经济运行。

(3)发挥电力自动化设备的监控功能,发挥本系统内供电设备的能力,满足城市轨道交通运营的需要,使城市轨道交通供电系统安全、可靠、连续供电。

单元 9.2　电调机构和主要职责

一、电调机构

城市轨道交通供电系统设专门调度机构，车辆段设有兼职调度机构，在供电业务上受电调领导，负责车场牵引网的调度工作。车辆段采用越区供电时，由当班调度员决定指挥调度范围。

电调所下设调度运行和方式保护两个运行机构。供电系统中的调度业务必须服从电调的指挥。

二、电调主要职责

(1) 负责对供电系统的运行进行组织、指挥、指导和协调，对调度范围内有权接受调度命令的人员发布调度命令，对所发布命令的正确性负责。

(2) 负责供电系统内的电压调整和系统负荷管理，保证供电质量。

(3) 负责供电系统的事故处理和突发事件应急处理的调度指挥工作。

(4) 负责审批调度范围内供电设备的停电检修计划，并做好检修计划执行过程中和变更情况下的应急措施和运行方式的工作。

(5) 负责签订调度协议，指挥新设备投入工作，依据调度协议进行调度指挥。

(6) 使用电力自动化监控系统，完成遥控操作、信息处理以及数据报表统计等工作。

三、电调人员应具备条件

电调人员必须具有较高的职业道德素质，树立为城市轨道交通运营服务和安全第一的思想，具备全局观念，具有指挥决策的素质和独立指挥处理问题的能力，有一定的专业理论知识和技术能力。

(1) 电调人员应由电力专业工程技术人员担任。

(2) 电调人员(包括管理人员)应了解电业系统法规，熟悉城市轨道交通供电设备状况和系统的运行、检修工作，并依据规程及规章制度组织系统的运行。

(3) 调度人员必须深入现场及时掌握设备变更情况，努力学习，不断提高调度指挥业务技术，确保供电安全。

(4) 电调人员上岗前必须经过岗前培训、实习、考核，取得上岗证后，方能担任调度工作。调度员上岗培训期一般不少于 3 个月。调度人员不论何种原因离岗 6 个月，在上岗前应进行岗位考核，合格者才能上岗。

(5) 值班调度人员应具备调度业务知识和现场实际经验，经过实习考试合格后并持有上岗证方可值班，并用书面形式通知系统内有关单位，同时报送上级部门备案。

(6) 电调人员应无不适应电力指挥的疾病，如色盲、耳聋、高血压、心脏病及神经衰弱等，能够胜任倒班制工作。

单元9.3 调度范围划分

根据城市电网调度和城市轨道交通部门共同协商,规定城市轨道交通电调的调度范围:

(1)城市轨道交通供电系统10kV及以上电压等级的设备。

(2)城市轨道交通牵引电站的750V(1 500V)所有设备。

(3)运营正线及车辆段牵引站的400V母线及以上设备。事故柜404、405、406开关,通信、信号电源450、550开关。

(4)影响供电和行车的辅助设备,如交直流操作电源,通信、信号主备电源。

属于地方供电局调度管辖的设备,除由城市轨道交通供电公司与供电局申请联系外,电调应在工作前与地方供电局调度联系。

单元9.4 电调基本制度

(1)值班调度员在其值班时间内直接对调度范围内的值班人员发布调度命令,并对所发布的命令正确性负责。调度范围内的变电站值班人员必须服从调度机构的调度。任何单位和个人不得干预值班调度员发布或执行调度命令,值班调度员有权拒绝各种干预。

(2)值班调度员在当值期间内是城市轨道交通电力监控系统的操作指挥者,在同值调度员的监护下完成遥控操作,并对其正确性负责。

(3)属于电调管辖的任何设备,未经值班调度员的许可,任何人不得擅自改变设备的运行状态;遇到危及人身设备安全的情况,运行值班人员可先行处理,再报告值班调度员,影响邻站设备和城市轨道交通运营的应及时报告电调。

(4)值班调度员发布的调度命令,受令者重复后必须严格执行。受令者认为命令不正确时,应将理由报告值班调度员,经双方校正后,如电调不修改命令并说明原因,受令者应立即执行。执行完毕后,及时向值班调度员汇报。受令者不得改变调度命令的顺序,受令者不得延误执行和不执行调度命令。

(5)值班调度员发出的一切调度命令,是以发布命令开始至受令人执行完毕后报告值班调度员时止,命令才算全部完成。

(6)值班调度员命令对象为电站值班人员、检修班长或施工负责人(施工负责人应在施工前由施工单位报电调所)。

(7)有权接受值班调度员命令的电站值班人员、检修班长或施工负责人必须清楚值班调度员的命令,应将命令重复一遍,并于执行后立即报告值班调度员。对命令有疑问或不清楚时须询问清楚后方可执行。

(8)值班调度员发出的一切调度命令和电话联系都应有录音,不得随意修改,严禁凭记忆办事。操作前应先写操作票,并与图板核对无误后,经同值人员校核签字后方可下令。

(9)各电站、线路和检修人员严禁未经值班调度员批准,在自己不能控制电源的设备上进行工作。

(10)实行遥控操作的电站采用何种操作方式(即中心遥控或现场操作)由值班调度员决

定,变电站值班人员应积极配合、协同工作。

(11)值班调度员在其值班期间内,应严格按照岗位责任制和工作标准进行工作,严格执行值班纪律和各项规章制度。

(12)在上级领导下,应保证城市轨道交通供电系统的运行方式符合安全、经济、优质的要求,努力保证双路电源供电,牵引系统保证双边供电。

(13)各供用电值班人员、检修负责人能否接受调度命令由各单位领导审定报电调所备案。非正式值班人员无权接受调度命令。

单元9.5　重要用户供电管理

(1)值班调度员在城市轨道交通运营期间应保证通信信号电源不间断供电,因故影响通信信号电源时应尽快处理,恢复供电。

(2)值班调度员应保证通信、信号主电源(即信、集、闭电源)正常供电。因故停电或检修时电调员和电站值班员应保持备用电源供电。

(3)通信、信号电源停电时,值班调度员应提前用书面或电话通知形式通知相应调度。行车期间应在信号人员到现场并由信号人员调整好电源后,方可倒停信号电源。

(4)凡影响信号正常运行的施工,严禁在运营时间进行,特殊情况需经电调同意。

单元9.6　调度用户变电站管理

城市轨道交通变电站由电源变电站、牵引变电站和降压变电站组成,是城市轨道交通供电系统的组成部分,电调需按调度范围划分进行统一调度。

一、用户变电站应具备条件

(1)变电站内必须装有专线(或专用)电话和调度电话。无人值班的变电站需安装有人进站返讯,在指挥中心有明显的警示标志。

(2)有人值班的变电站必须安排昼夜有人值班,无人值班的变电站必须定时、定次安排人员巡视。变电站设备和自动化监控系统设备良好率应达到98%及以上,遥测、遥信应正确。

(3)单人值班的变电站和无人值班的变电站设备应可靠,无火、险隐患,发现异常应及时安排处理。无人值班的牵引电站应装有防灾报警设备。

(4)用户变电站值班人员需持证上岗,单人值班的值班人员应具备担当主值值班员的能力和参加变电站运行工作5年以上,无人值班变电站正常巡视可单人进行。

二、调度用户变电站值班人员的要求

(1)调度用户变电站值班人员必须清楚的了解调度范围的划分,必须熟知本规程中调度管理的基本制度,调度操作术语及其他有关部分。

(2)属于调度范围内的电气设备,需得到电调值班调度员的命令或同意后,方可操作,该部分设备的检修工作必须在停电当日得到值班调度员命令后才可进行,且只能在自己调度范

围并能断开电源的设备上进行检修工作。

（3）单人值班变电站值班人员对本站设备只做巡视和操作管理，对设备异常应及时报告电调，检修作业应需两人以上。

（4）双路电源的用户变电站，当一路电源无电时，在确知非本站设备故障引起的情况下，可以先拉开无电进线开关，再合分段开关，然后报告电调。

（5）有合环保护的电源变电站进行开关倒闸时，按调度命令或按协议规定进行操作。

（6）属于电调范围内的设备，因扩建、改建工程而变更结线时（包括新设备投入），需事先征得调度部门的同意，工程部门应将变更结线图、变更说明和设备说明报电调所。

（7）变电站值班员在自己调度范围内的停送电操作，其停送电影响范围和事前联系工作，由变电站值班人员自行负责。调度范围内的停送电操作，影响到400V及站内用电时，变电站值班员应事先通知受影响的供用电范围，以便配合完成电调命令。

思考与练习

1. 城市轨道交通电调管理任务有哪些？
2. 城市轨道交通电调的职责是什么？
3. 城市轨道交通电调的范围有哪些？
4. 对于重要用户的供电应如何管理？
5. 用户变电站应具备哪些条件？

单元 10 变电站事故管理规程

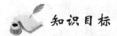
知识目标

了解城市轨道交通变电站事故处理原则;了解事故信息反馈原则;了解事故处理的请示、报告制度;掌握事故处理的一般方法。

能力目标

能对一般事故和突发事件进行有效处理;能针对事故现象、现场状况等信息准确、清楚与电调沟通;能对事故发生和处理情况以书面规范形式向分公司主管领导报告。

素质目标

在模拟事故实训中,培养学生具备良好的安全意识和事故防范意识,培养遇事冷静的心理素质和处事果断的职业能力。

建议学时

8学时。

单元10.1 事故处理原则

(1)迅速隔离故障设备,用一切方法保持运行设备的继续运行。

(2)尽快调整供电运行方式,对已停电的线路或设备恢复供电,确保重要设备正常工作。

(3)根据表计、信号的指示,保护装置动作及设备的异常现象,综合故障全面情况,做出正确判断。

(4)对无故障现象,属于保护装置误动作或限时后备保护越级动作的设备进行强行送电,在情况紧急时,可在保护检查后,先行进行强送电。属于保护装置误动作或越级动作的设备,可在检查保护后,先行进行强送电。

单元10.2 事故判断信息反馈原则

(1)变电站有变电巡检人员时,设备状态及现场情况均以变电巡检人员报告为准,当值调度员结合指挥中心事件记录、报警表、设备状态等反馈信息进行事故判断和处理。

(2)变电站无人值守时,当值调度员应以电力自动化反馈信息为准进行事故判断和处理。

(3)为解救触电人员,挽救重要设备,值班人员有权先处理,然后再报告电调及有关领导部门。

单元10.3　事故处理请示、报告制度

(1)发生事故时,本站值班人员应迅速向电调员报告概况,报告内容包括事故发生时间、现象、跳闸开关名称、继电保护及自动装置动作情况、母线电压、设备过载等异常情况。对于一时难以判断清楚的故障,除先报告现场情况外,还应不断了解,随时确认,随时报告,若发现报告内容有误时,应立即予以更正。

(2)值班人员应遵照电调的命令处理事故,在处理事故的整个过程中,应与电调保持密切的联系,迅速执行命令,做好记录。待事故处理完毕后,将事故发生和处理情况以书面形式向分公司主管领导报告,并将事故报告留存站内。

(3)供电设备故障影响或可能影响安全运营时,电调员应及时报告总调度室、值班主任,汇报时应说明故障情况、影响范围或可能造成的影响。

(4)上级电力公司的设备发生事故,造成供电系统不能正常运行时,电调员通过中心电力自动化系统或变电巡检人员汇报,了解站内设备情况后,与上级电力公司调度联系,对短时不能恢复正常运行方式的,应制订应急方案,采用应急措施保证城市轨道交通安全运营。

单元10.4　供电系统事故处理和突发事件应急处置

一、变电站设备起火处理

(1)无人值班变电站设备起火时,当值调度员应根据综控室值班员报告的信息,立即切断变电站相关设备的电源,全变电站停电,并应将切断电源开关的分断状况记录清楚。

(2)变电站发生火灾,变电巡检人员或变电站值班人员对无法控制的电源停电后,应及时报告电调。火势无法控制时,变电巡检人员撤离现场后,应将联系电话报告当值调度员。

(3)10kV开关起火时,立即断开该开关所在一段10kV母线上的所有开关。

(4)750V(1 500V)系统设备起火时,应立即断开机组开关、直流配电柜刀闸,保证10kV系统其他开关运行。

二、10kV开关跳闸处理

1.10kV进线和线路开关过流保护动作跳闸处理

进线开关或线路开关过流保护动作跳闸,应查明相应母线及出线开关有无明显故障,当值调度员在接到现场申请报告后,可试发一次,若再次过流保护动作跳闸,则应查明原因、排除故障后,再做试发。

2. 零序保护跳闸处理

(1) 变电站 10kV 开关设零序保护,当进线因零序保护动作跳闸时,故障未排除前不可用母联开关试送电,防止故障范围扩大。

(2) 零序保护动作跳闸,现场检查无问题,可根据现场申请试发一次;试发时,应采用逐步试发,零序保护动作再次跳闸,必须查明原因,排除故障后才能试发。

3. 10kV 接地故障处理

(1) 10kV 消弧线圈接地系统可根据本系统内各变电站接地指示现象来判断是否出现单相接地故障。当发生单相接地时,接地相电压为零,其他两相对地电压升高为线电压。

(2) 发生 10kV 系统单相接地时,变电巡检人员应将母线的线电压、相电压报告当值调度员。

(3) 当值调度员接到变电巡检人员报告后,应详细了解系统内其他站电压指示,判断是否真实接地。

(4) 发生 10kV 单相接地时,当值调度员应主动与城市供电电调联系,由电力公司调度按规定查找。

(5) 发生单相接地后,接地运行时间不超过 2h。

(6) 在接到城市供电电调通知接地故障系城市轨道交通内部时,当值调度员根据 10kV 接地处理原则查找。拉路查找前通知有关单位派人员到现场,当值调度员在人员到位后,采用分路停开关,从末端逐个试停办法找出故障路,对故障路分段试停。在寻找接地故障时或断开故障时,禁止用隔离开关断开接地故障设备。

4. 母联开关保护动作跳闸处理

母线联络断路器因过流故障跳闸不做试发,应立即通知相关单位去现场检查设备,当值调度员接到现场申请报告后可试发一次。

三、变压器、整流器保护动作处理

(1) 牵引变压器、配电变压器、整流柜过温保护动作报警,应立即通知相关单位去现场检查设备。

(2) 牵引变压器、配电变压器、整流柜超温保护动作跳闸后,当值调度员在接到现场"查无问题申请送电"的报告后可试发一次,若再次超温保护跳闸,则应查明原因、排除故障后,再做试发。

(3) 牵引变压器、配电变压器开关速断保护动作跳闸后,应立即通知相关单位去现场检查设备,当值调度员接到现场申请报告后可试发一次。

(4) 牵引变压器、配电变压器开关过流保护动作跳闸后,应立即通知相关单位去现场检查设备,当值调度员接到现场申请报告后可试发一次。

(5) 整流器硅元件故障,应立即通知相关单位去现场检查设备,当值调度员接到现场申请报告后可试发一次。

(6) 牵引变压器、配电变压器过负荷报警时,应立即通知相关单位去现场并做好减负荷的准备。

(7)牵引变压器、配电变压器开关的零序保护动作跳闸,可按过流处置办法查找变压器故障和试发开关。

四、备自投动作方式和事故处理

(1)城市轨道交通各变电站10kV系统的备自投装置应全部投入使用。
(2)中心及现场备自投保护均投入后,备自投装置方可启动。
(3)进线开关遥控、手动分闸和保护跳闸时,应闭锁备自投功能。

五、电压互感器故障处理

(1)电压互感器高压熔断器发生一相熔断时,应停运更换熔断器并试发。
(2)试发不成功或高压熔断器两相及以上熔断时,不可试发,应对互感器进行绝缘摇测检查,无问题后方可恢复运行。

六、750V(1 500V)保护跳闸处理

(1)框架保护动作处理。框架保护装置设置在负母线柜,框架保护分为过电流型和过电压型,其中过电流型为跳闸,过电压型分为报警和跳闸。

框架保护过电流型动作时,变电站机组、直流进线、馈线开关全跳闸,并联跳相邻变电站对应馈线开关,造成供电区间接触轨无电。此时当值调度员应通知行车调度员影响范围,汇报总调度室,并通知相关单位现场处置。拉开故障站的直流配电柜刀闸(有电容储能的站,停断路器开关拉开电容储能刀闸),合上813、824隔离开关,恢复被联跳站馈线开关。故障站拉开负母线隔离开关,750V(1 500V)设备退出运行。

框架保护过电压型动作跳闸时,变电站机组、直流进线、馈线开关全跳闸,不联跳相邻变电站对应分闸开关,通知行车调度员该供电区间单边供电,相关单位到现场处理并汇报总调度室,并断开本站直流配电柜隔离开关。

(2)直流进线开关开关跳闸的处理。直流进线开关开关跳闸后根据自动化系统的报警信息,判断保护动作类型,通知相关单位到现场检查设备,并汇报总调。当值调度员在接到变电站值班人员或变电站巡检人员故障处理完毕的报告后可试发。

(3)直流馈线开关跳闸的处理。

①750V(1 500V)开关跳闸后,重合未成功或重合闸未动可试发一次,若试发失败应立即通知行车调度,拉开主跳站直流配电柜刀闸(或直流馈线母线侧刀闸),传动主跳站直流馈线。

②接到行车调度送电申请后,试发被联跳站直流馈线开关,若试发失败应立即通知行车调度,接到行车调度停电申请后,拉开被联跳站直流配电柜刀闸(或直流馈线母线侧刀闸)。

③再次接到行车调度送电申请后,若主跳站直流馈线开关传动正常,合上主跳站直流配电柜刀闸(或直流馈线开关母线侧刀闸),试发主跳站直流馈线开关。成功后通知行车调度,并汇报总调。若不成功则可判断为变电站外部故障,通知有关单位到现场处置。

④连续几个站同一方向区段分闸开关相继保护动作跳闸,应视为车辆故障,当值调度员要及时通知行车调度员检查车辆。

(4)对于故障点不明的750V(1 500V)开关全部跳闸,在检查站内设备无异常时,可将跳闸开关进行逐个试发,试发时变电巡检人员只送一个总闸,并注意监视电压表。

七、400V开关跳闸处置

(1)400V开关故障跳闸一律不做试发,通知相关单位到现场检查设备,汇报总调。
(2)400V进线开关失压掉闸,若母联开关未自投,应合母联开关,恢复失电母线供电。

八、线路检测未通过的处置

750V(1 500V)分闸开关设有线路检测功能,在每次开关合闸前进行检测,当线路或车辆有故障时闭锁直流馈线开关合闸。接触轨送电时线路检测未通过时,应拉开直流配电柜刀闸,试送直流馈线开关,并区分站内或站外故障。

九、电源开闭所无电处置

在发生供电系统事故造成一个或多个电源开闭所无电的情况下,应合理控制负荷,优先恢复照明用电,并尽可能保证牵引、消防及与行车有关的设备供电。

车辆段、停车场牵引站因供电设备故障不能向接触轨送电时的处置:
(1)采用联络刀闸进行越区反送电。
(2)有操作电源时,采用直流开关反送电;无操作电源时,采用旁路刀闸反送电。
(3)操作联络刀闸时,应在两端接触轨无电时方可操作。
(4)车场各区采用开关送电时,仍由信号楼和牵引站联系,若采用旁路刀闸向车场各区送电,车场只做调车作业,不得随意停送电。因故需停送电,由牵引站与电调联系。涉及洞内正线接触轨停送电,电调应与行调联系。

思考与练习

1. 事故处理的一般原则是什么?
2. 城市轨道交通变电站内设备起火应如何处理?
3. 电源开闭所无电时应如何处置?
4. 简述备自投动作方式和事故处理方法。
5. 当10kV发生接地故障时,应如何处理。

参 考 文 献

［1］李树海.电工(低压运行维护)北京市工伤及职业危害预防中心[M].北京:化学工业出版社,2005.
［2］李树海.电工(高压运行维修)北京市工伤及职业危害预防中心[M].北京:化学工业出版社,2007.
［3］王兴昌.变电检修(中级工)中国电力企业家协会供电分会[M].北京:中国电力出版社,2005.
［4］王兆晶.安全用电[M].5版.北京:中国劳动社会保障出版社,2014.
［5］李跃.电力安全知识[M].2版.北京:中国电力出版社,2004.
［6］陈天翔.电气试验[M].2版.北京:中国电力出版社,2008.
［7］国家电网公司人力资源部.二次回路[M].北京:中国电力出版社,2010.